女子会用に
かわいい
スイーツ

9'Swe
9個入り6
→ P.5

鳥のかたちクッキー
19枚入り1792円
→ P.67

タルティン
4個入り800円
→ P.34

スイートジャー
1本734円
→ P.12

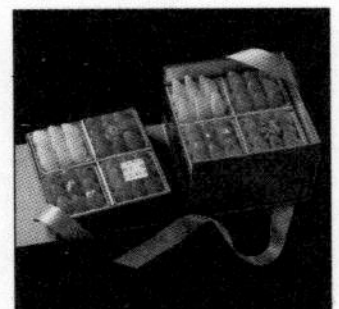

アフタヌーン・
ドルチ・ボックス
1万4000円～
→ P.86

ソリッドチョコ
猫ラベル ミルク
105g 2106円
→ P.39

フルーツポンチ
1本3726円
→ P.14

フルーツサンド
1個1512円
→ P.90

クッキーボックス
レモン
39枚入り1836円
→ P.42

マルガレーテン
クーヘン
1ホール2376円
→ P.25

THE・さBAR
糸島またいちの塩
1個997円
→ P.149

穴子寿司
1人前2900円
→ P.134

レザンファンギャテの
FRENCH BOX
2万6800円
→ P.150

だしいなり
4個1480円
→ P.136

パネットーネ
1個4400円
→ P.118

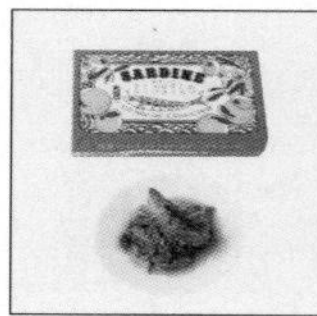

国産いわし
きとうゆずしお
オリーブオイルづけ
1個422円
→ P.159

宮崎産まるみ豚の
パテ・ド・カンパーニュ
900円
→ P.138

自家製ベリーハム&
コンビーフのセット
4220円
→ P.120

広島れもん鍋のもと
1個432円
→ P.148

チーズ好きのための
チーズセット
3種7289円
→ P.143

パステル・デ・ナタ
6個入り1880円
→ P.120

鳩サブレー
伊勢丹新宿店限定缶
25枚入り3867円
→ P.113

東京
生カステラサンド
1個1800円
→ P.104

豚饅
1個300円
→ P.153

クルミッ子
5個入り810円
→ P.107

Kumitte
36個入り1728円
→ P.124

フルール ドゥ
ボンボンブーケ
6個入り810円
→ P.202

バームクーヘンmini
4個入り1944円
→ P.110

ブーケ オ ショコラ
5個入り918円
→ P.38

人形焼
13個入り1870円～
→ P.215

志゛満ん草餅
7個入り1426円
→ P.111

どうぶつドーナツ
1個313円～
→ P.81

本書の使い方

- 本書は、東京で購入できる手みやげをカテゴリー別に紹介しています。目次を参照して、贈りたい手みやげをカテゴリーから探してみてください。
- 価格は全て税込みで記載しています。
- 食べ物の日持ち・賞味期限はあくまでも目安です。生ものは冷蔵で保存してください。
- 原則として祝日、GW、お盆、年末年始を除く定休日のみ表記しています。詳細は各店舗にお問い合わせください。

❶商品名

紹介している商品名を表記。

❷店名

商品が手に入る店舗名を表記。

❸価格

商品の価格を税込みで表記。

❹日持ち

商品の日持ち、または賞味期限を表記。

❺チェック項目

上から「予約の可否」、「通信販売の可否」、「保存方法（チェックなしの場合は常温）」、「商品の店内での飲食の可否」を示しています。

074

ポップな缶に入った
キャビアのようなチョコレート

ミニキャビア
ジェラテリア テオブロマ
3294円（5缶セット）

ショコラティエ・土屋公二氏が手掛けるジェラテリアは、テイクアウトできるスイーツも充実。プチギフトに最適な「ミニキャビア」はキャビアをイメージした小さな粒のチョコレート。画家の樋上公実子氏によって描かれたキュートなチョウザメのイラストはストーリー仕立てになっている。カカオの風味が楽しめるビターと、シリアル入りのミルク、ホワイト、ルビー、キャラメルの5種類入り。

（日持ち　製造から2カ月）

予約　お取り寄せ　要冷蔵　イートイン

チョコレート

新宿区神楽坂6-8 Borgo Oojime
03-5206-5195　11:00〜19:30（LO19：00）
月曜（祝日は営業）

075

❻店舗情報

上から住所、電話番号、営業時間、定休日を記載。

❼二次元コード（QR）

公式サイト、公式Instagramがある店舗は、リンクする二次元コードを記載しています。

※本書に掲載したデータは2024年3〜4月の取材調査に基づきます。店舗や商品の詳細については変更になる場合がありますので、あらかじめご了承ください。※商品売り切れになる可能性があります。

おうちパフェ＆
瓶スイーツ

ケーキ

パケ買い
おやつ

和菓子

ホテル
スイーツ

焼菓子

チョコレート

ドーナツ

ひんやり
スイーツ

そのほか

SWEETS

NO. 001 〜 NO. 094

定番から話題のものまで
ハズレなしの甘いものたち

THE BEST SELECTION 300

TOKYO GIFT CATALOGUE

001
宝石のように美しい
ご褒美パフェ

002
季節の美味を詰めこんだ
レイヤードスイーツ

001

DXパフェ

Fruit Chef The SHOP

（右）本日のいちご1280円～、（左）柑橘MIX1480円

天然水ゼリーやフルーツのクロワッサンをはじめ、プレミアムフルーツと加工品の詰め合わせなど、ギフトにぴったりの商品も扱うフルーツパーラーの名物は、季節ごとのフルーツを使ったDXパフェ。全国の契約農園から届く、プレミアムフルーツを使用したパフェは、まるで宝石のような美しさ。テイクアウトのパフェなのに純生クリームを100%使用しているのもうれしい。

（日持ち　当日中）

予約　お取り寄せ　要冷蔵　イートイン

中央区日本橋人形町3-6-3　03-6661-0826
11:00～19:00（イートインメニューは11:30～14:30LO、16:00～17:30LO、土・日曜、祝日は11:30～17:00LO）
火・水曜休、夏季冬季休暇あり

002

瓶パフェ2本セット

EMMÉ WINE BAR

4400円

昼間はランチとスイーツ、夜はお酒を楽しめる表参道の人気店「EMMÉ WINE BAR」。目の前でパティシエが腕を振るう、作りたてのデザートを提供する「アシェットデセール」が話題だ。ぜひ買いたいのがおうちでいただける瓶パフェ。いちごソースや薔薇のムースなどがアクセントの「苺と薔薇のチーズケーキな瓶パフェ」（右）とフランス伝統菓子オペラをイメージした「オペラな瓶パフェ」（左）の2本セット。

（日持ち　製造日から冷凍で1カ月）

予約　お取り寄せ　要冷蔵　イートイン

渋谷区渋谷2-3-19 ローゼ青山1
03-6452-6167　12:00～16:00（LO15:30）、17:00～25:00（LO23:30）　火曜休（祝日の場合営業）

003

多彩なラインナップの
グラスジャースイーツ

スイートジャー

アンダーズ 東京 ペストリー ショップ

各734円

「アンダーズ 東京」のペストリーシェフ、田中麗人氏が手掛けるスイーツは、イートインだけではなくテイクアウトでも楽しめる。エクレアに続く新たなシグネチャーとして誕生したのが、おみやげにぴったりなスイートジャー。プリンなどのクラシック系、旬のフルーツを使ったシーズナル系など3~6種を取り揃えている。定番人気は「プリン」、「ピスタチオルージュ」。

(日持ち 当日中)

予約 ○ お取り寄せ ⓥ 要冷蔵 ⓥ イートイン

港区虎ノ門1-23-4 虎ノ門ヒルズ 森タワー 1F
03-6830-7765
10:00~19:00(LO18:45) 無休

ごろっとフルーツの
リッチなジェリー

収穫の恵み
プレミアムジェリー

日本橋 千疋屋総本店

2808円〜

「日本橋 千疋屋総本店」では、パーラーで提供する本格スイーツにも見劣りしないアイテムをテイクアウトできる。おすすめは自慢のフルーツをたっぷりと使用したちょっぴりリッチなプレミアムジェリー。フルーツが主役なので、おいしさを引き立てるためにジェリーの甘さは控えめ。フレーバーは黄金桃、ピオーネ、ルラクチエ、シャインマスカットなど。

（日持ち　製造から6カ月）

予約　○お取り寄せ　○要冷蔵　○イートイン

中央区日本橋室町2-1-2 日本橋三井タワー1F
03-3241-0877
10:00〜18:00　不定休

005

フルーツがぎっしり！
幸せなおやつタイムに

フルーツポンチ

近江屋洋菓子店

3726円（1本）

創業130年を超える「近江屋洋菓子店」。地元客はもちろん、ビジネスパーソンや遠方から訪れる人も多く、客足が途切れることがない。ロングセラーのフルーツポンチは、手みやげや贈答に人気。10種類以上のフルーツが大瓶にたっぷり入っているため、何日かかけて楽しめるのもうれしい。フルーツは毎朝市場で仕入れるフレッシュなもの。友人宅へのお呼ばれにぜひ。

（日持ち　製造から5日）

Ⓥ予約　◯お取り寄せ　Ⓥ要冷蔵　◯イートイン

千代田区神田淡路町2-4　03-3251-1088
9:00〜19:00（日曜・祝日10:00〜17:30）、喫茶は〜17:00
無休

006

自然な甘みに癒される
魅惑のボトルスイーツ

ジャースイーツ

QBG Lady Bear

(右)メープルティラミス650円、(中央)クリスタルアガベ680円、(左)はちみつパンナコッタ650円

天然甘味料専門メーカーの直営店が手掛けるおうちパフェは、世界の産地から厳選したはちみつ、メープル、アガベシロップを使用。一番人気の「はちみつパンナコッタ」は白砂糖不使用で、ひまわりはちみつで仕上げたクリーミーなはちみつパンナコッタに甘酸っぱいいちごソースをかけたもの。ラインナップ、価格は季節により変動。プラボトル入り。

(日持ち　当日中)

◎予約　◎お取り寄せ　◎要冷蔵　○イートイン

中央区築地4-5-4 築地しろくまビル1F
03-6278-8264　10:00〜18:00
土・日曜休

007

あのシンボル犬が
キュートなパフェに

ハチパフェ

新宿高野 渋谷 東急フードショー店

962円（1個）

根強い人気を誇る老舗から話題店まで、約100の人気ショップが集結した食の一大マーケット「渋谷 東急フードショー」。ここでしか手に入らない限定アイテムは喜ばれること間違いなし。フルーツギフトの果物専門店「新宿高野」の限定アイテムはホイップクリームで渋谷のシンボル犬をイメージした、かわいらしいフルーツパフェ。色とりどりの5種類のフルーツを楽しめるひと品。

（日持ち　当日中）

✓予約　○お取り寄せ　✓要冷蔵　○イートイン

渋谷区道玄坂1-12-1 渋谷マークシティ1F
渋谷 東急フードショー　03-3477-4629
10:00〜21:00　無休

008

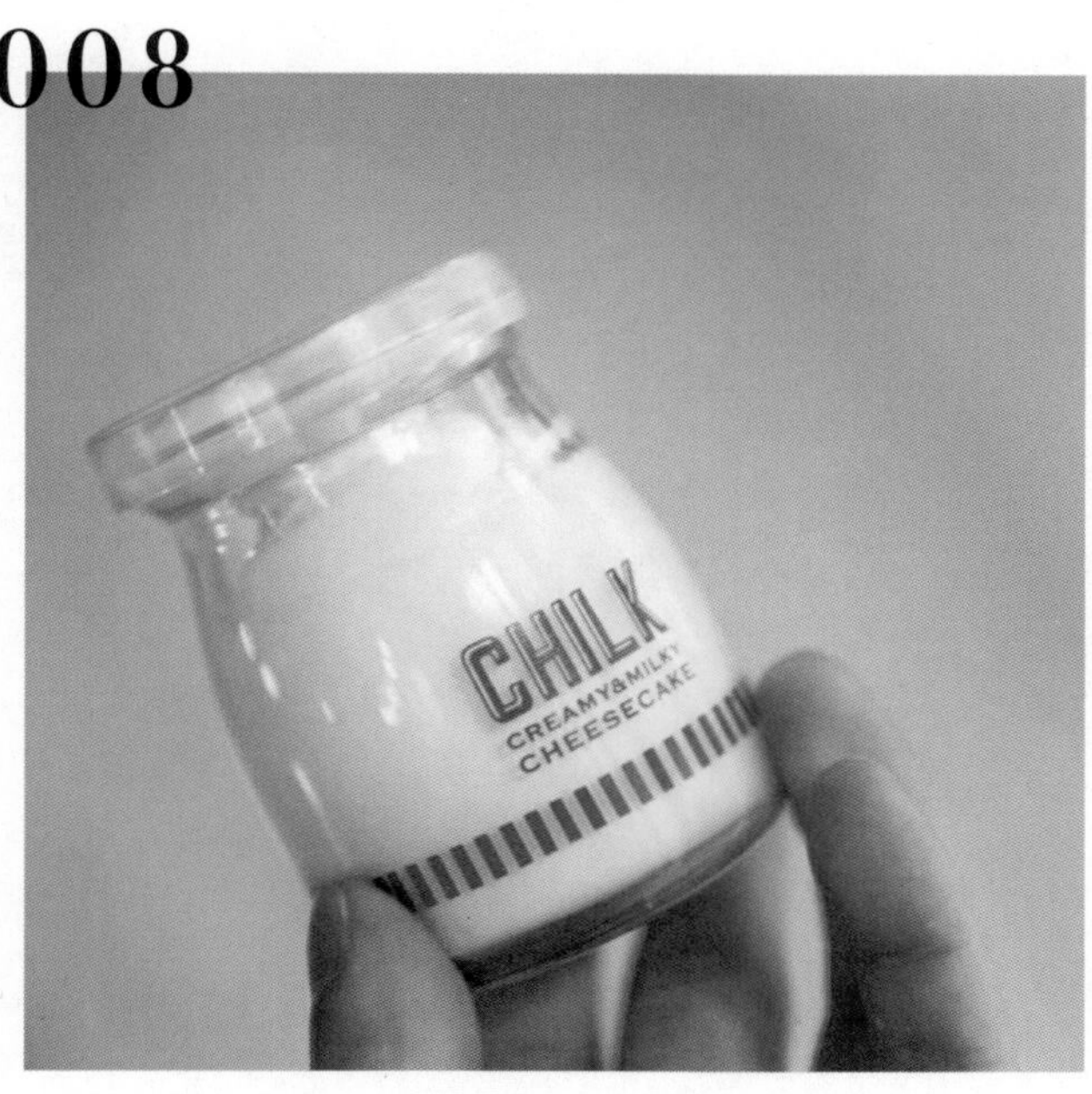

牛乳瓶のような
ボトルがキュート

CHILK

cafe The SUN LIVES HERE

570円（1個）

多彩なメニューをイートインやテイクアウトで楽しめるチーズケーキ専門店。〝三軒茶屋におみやげを〟という思いから誕生した、チーズケーキCHILKは、生クリームとクリームチーズを使用した濃厚レアチーズ、ヨーグルトを使用したさっぱりとしたベイクドチーズ、自家製サワークリームを使用した濃厚なベイクドチーズの3層仕立て。手みやげやギフト、おうち時間のお供に購入したい。

（日持ち　3日）

予約　お取り寄せ　要冷蔵　イートイン

世田谷区三軒茶屋1-27-33
03-6875-1730
10:00〜20:00　無休

009
お酒好きに贈りたい
大人のデセール
010
“香り”を追求した
五感で楽しむスイーツ

009

マール
INFINI

820円（1個）

オープン以来不動の人気を誇る、しっとり大人味のチョコレートケーキ、マール。ブドウの蒸留酒マールを極限まで使用しているため、お酒とも好相性。さらに生地にはリキュールに漬け込んだアプリコットやプルーンが練り込まれていて、噛むほどにお酒の豊かな風味が口いっぱいに広がり、お酒好きにはたまらない逸品。ほかにも意外性のあるケーキを多数ラインナップしている。

（日持ち　当日中）

Ⓥ予約　◯お取り寄せ　Ⓥ要冷蔵　◯イートイン

世田谷区奥沢7-18-3
03-6432-3528
11:00〜19:00　水曜休

010

パルファン
INFINI

669円（1個）

青山のパティスリー UN GRAIN などでシェフパティシエを務めた金井史章氏の店には、フルーツなどの季節の素材に合わせた〝香り〟を大切にする絶品ケーキが揃う。食べる前から華やかな香りが漂うスペシャリテのパルファンは、白い球体の中にベルガモットを主軸としたジャスミン&バラのブリュレやいちごのゼリー寄せが。口溶けは軽く、食べ終わったあとも口の中に爽やかな余韻が残る。

（日持ち　当日中）

Ⓥ予約　◯お取り寄せ　Ⓥ要冷蔵　◯イートイン

世田谷区奥沢7-18-3
03-6432-3528
11:00〜19:00　水曜休

011

宝石のようにきらめく、
タルトにときめいて

7種のフルーツホールタルト

tartotte 銀座店

3500円～（1ホール）

宝石箱のようなかわいいBOXに入ったフルーツタルトが話題のフルーツタルト専門店。少人数なら小さめタルトを人数分、大人数なら、7種類のフルーツを贅沢にのせたフルーツホールタルトを。発酵バターを使用した風味豊かなタルト生地、クリームチーズを配合した甘さ控えめのクリーム、新鮮なフルーツの三位一体を存分に堪能したい。

（日持ち　当日中）

✓予約　○お取り寄せ　✓要冷蔵　○イートイン

中央区銀座4-12-1 VORT 銀座イースト2 1F
03-6260-6299
10:00～21:00　不定休

012

旬のフルーツタルトで
季節感を演出

季節のたっぷりフルーツタルト

ラ・メゾン アンソレイユターブル パティスリー アトレ四谷店

9400円（1ホール）

アーモンドタルトにホイップクリームを重ね、メロンやいちごなど季節のフルーツを彩り豊かに飾ったタルト。旬のフルーツを使用するため、季節によってさまざまな味が楽しめる。3、4人用のミニホールタルトもあり。いちごのショートケーキタルトなどの定番アイテムや、月限定タルトも要チェック。

（日持ち　当日中）

✓予約　✓お取り寄せ　✓要冷蔵　○イートイン

新宿区四谷1-5-25 アトレ四谷1F　03-6380-6707
10:00～21:00（日曜・祝日～20:00）
定休日は施設に準ずる

013

贅沢気分を楽しめる
ひとりホールケーキ

苺サンドショート

近江屋洋菓子店

1080円（1個）

クラシックで懐かしく、しかもリーズナブルなスイーツが勢揃いの洋菓子店。ケーキのほかプリンやゼリー、午前中はパンも販売している。まるでバースデーケーキを独り占めしているかのような贅沢感が楽しめる苺サンドショートは不動の人気を誇る看板メニュー。ふわふわ食感のスポンジ生地に、絶妙な甘さの生クリーム。どこか懐かしい味わいが美味。ひとり用のミニサイズから4号～7号まで。

（日持ち　当日中）

✓予約　○お取り寄せ　✓要冷蔵　○イートイン

千代田区神田淡路町2-4　03-3251-1088
9:00～19:00（日曜・祝日10:00～17:30、喫茶は～17:00）　無休

014

360度美しい
クラシックショート

ストロベリークラシックショートケーキ

PARIYA NIHONBASHI

1058円(1個)

デリカテッセン・PARIYAは個性豊かな惣菜のほかに、ショートケーキも人気。ブルーベリーチーズやストロベリーキャラメルなど、季節ごとにさまざまなショートケーキが登場。定番のストロベリークラシックショートケーキは、まさに生クリーム好きのためのケーキ。さっぱりとした生クリームの中に2層のスポンジといちごが隠れている。イートインも可。

(日持ち　当日中)

予約 ◯ お取り寄せ 要冷蔵 イートイン

中央区日本橋2-5-1 日本橋高島屋 S.C. B1F　03-6281-9602
10:30〜20:00(LO19:30)
月・火曜休

015

佐世保生まれの
巨大シュークリーム

軍艦シュークリーム

蜂の家 銀座本店

7200円（1ホール）

1948年、長崎県佐世保市で創業した「蜂の家」。カレーとシュークリームの2本柱で長年営業を続ける洋食店の手みやげといえば、重量約2キロにもおよぶ大きなシュークリーム。シュー生地の中には、自家製カスタードに生クリーム、苺、ブルーベリー、ラズベリーなど7種類のフルーツがぎっしり。どことなく懐かしさを感じる、レトロなシュークリームはパーティーへの差し入れにぜひ。

（日持ち　冷凍で1カ月）

予約　お取り寄せ　要冷蔵　イートイン

中央区銀座4-13-11　03-3547-0810
11:00～20:00（土・日曜、祝日～16:00）
不定休

016

マーガレットがモチーフの
ドイツの伝統ケーキ

マルガレーテンクーヘン

ホレンディッシェ・カカオシュトゥーベ
2376円（1ホール）

ドイツ・ハノーファーで約100年の伝統を守ってきた、由緒あるコンディトライ&カフェはバウムクーヘンを中心に、代々受け継がれた伝統的な菓子を販売。マルガレーテンクーヘンは、マジパンを使用したしっとり濃厚な生地に、たっぷりのアンズジャムとマジパンの花びらをのせたもの。ひと口食べると、バターとバニラの芳醇な香りが口の中に広がる。テーブルに華を添えたいときに選びたい。（日持ち　製造から3週間）

Ⓥ予約　Ⓥお取り寄せ　○要冷蔵　○イートイン

新宿区新宿3-14-1 伊勢丹新宿店 本館 B1F
03-3352-1111（伊勢丹新宿店代表）
10:00〜20:00　定休日は施設に準ずる

017

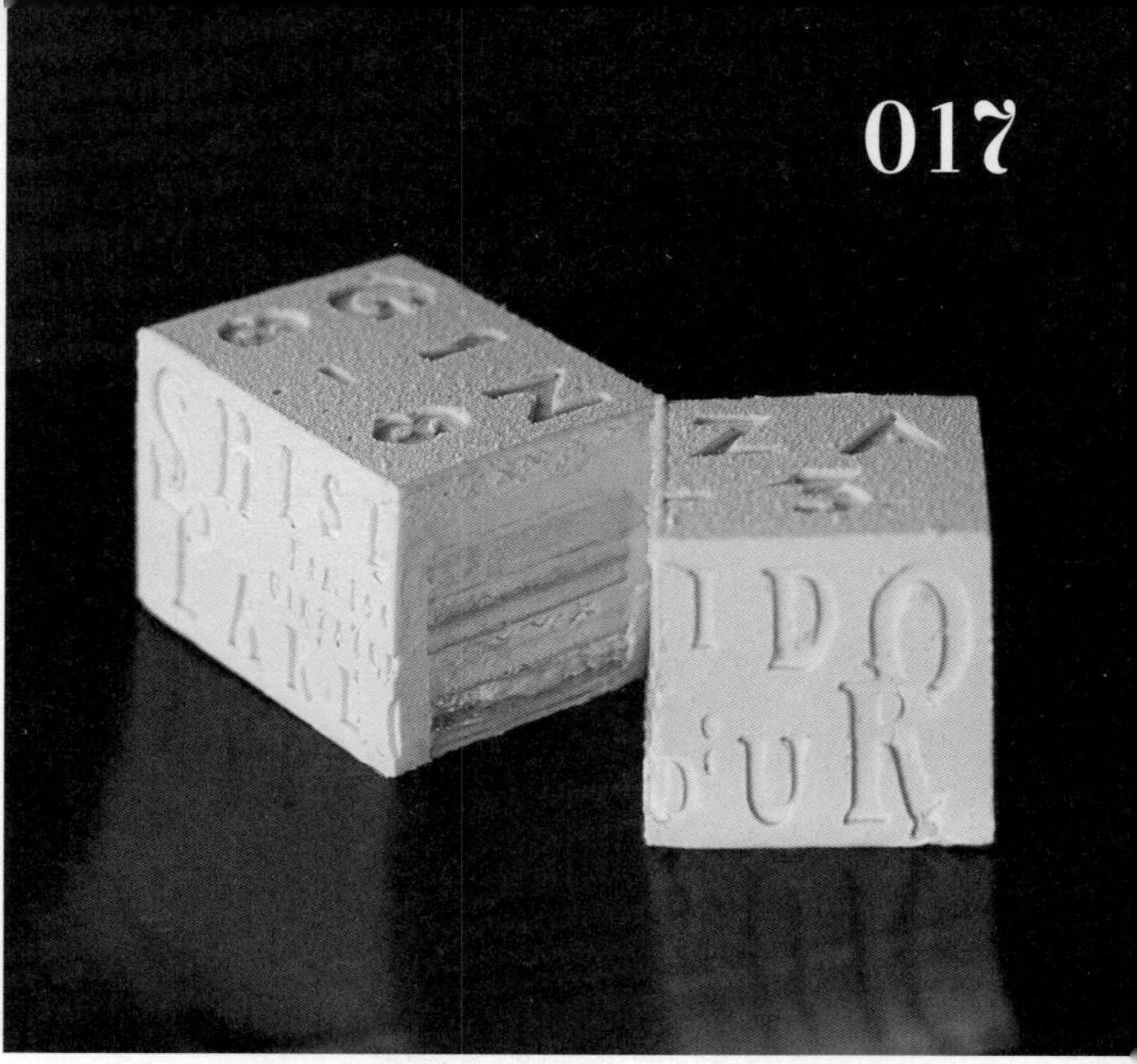

銀座本店ショップ限定
リッチなバタークリームケーキ

ガトー クレーム オ ブール

資生堂パーラー 銀座本店ショップ

2700円（1台）

資生堂パーラー定番のお菓子や銀座本店だけの限定品が揃うフラッグシップショップ。人気の「ガトー クレーム オ ブール」はアールグレイがほんのりと香るバタークリームと、ドライりんごのシロップ煮&深みのあるキャラメルショコラが絶妙な味わい。厳選した2種類の北海道産バターを使うことで、なめらかな口溶けに仕上げている。住所や店名が刻まれているのも粋。テイクアウト用のみ。（日持ち　当日中）

✓予約　○お取り寄せ　✓要冷蔵　○イートイン

中央区銀座8-8-3 東京銀座資生堂ビル 1F
03-3572-2147　11:00〜20:30
無休

018 ゴルゴンゾーラチーズケーキ

RIVA chocolatier (LESS)

910円（1個）

ワインのお供に
花びらみたいなケーキ

ゴルゴンゾーラのしっかりとした香りを楽しめる大人の味。白ワインなど、油分をキリッと締めるドリンクペアリングがおすすめ。パネットーネも人気。
（日持ち　当日中）

目黒区三田1-12-24 MT3ビル1F
03-6303-2688
11:00〜17:00　水曜休

予約　○お取り寄せ　○要冷蔵　イートイン

019 レアチーズ

西洋菓子しろたえ

300円（1個）

世代を超えて愛される
老舗のチーズケーキ

創業以来愛されてきたレアチーズは、濃厚なレアタイプ。土台はバターたっぷりのサクサク生地。紅茶と合わせることでチーズの味わいが引き立つ。
（日持ち　当日中）

港区赤坂4-1-4　03-3586-9039
10:30〜19:30（祝日は〜19:00）
日・月曜休

予約　○お取り寄せ　要冷蔵　イートイン

見た目も味も
エシレ バターそのまま?!

020

ガトー・エシレ ナチュール

エシレ・メゾン デュ ブール

6480円(1ホール)

フランス産A.O.P.認定発酵バター「エシレ」を使ったケーキや焼菓子、ヴィエノワズリを取り揃える世界初のエシレ バター専門店。開店と同時に売り切れることもあるという、大人気の「ガトー・エシレ ナチュール」は、クリームの半量がエシレバターという、リッチなバターケーキ。中はバタークリームが5層のビスキュイでサンドされている。数量限定、1人1台限り。

(日持ち 2日)

○予約 ○お取り寄せ ⓥ要冷蔵 ○イートイン

千代田区丸の内2-6-1 丸の内ブリックスクエア1F
電話番号 非公開
10:00〜19:00　不定休

021

ダミエ

マッターホーン

2200円（7カット）

季節の生菓子をはじめ、バウムクーヘンや缶入りクッキーを求めて朝から行列ができる、昭和27（1952）年創業の老舗。創業当時から愛され続けてきた看板ケーキ「ダミエ」はプレーンとココアの2種類のスポンジ生地をバタークリームと合わせてチョコレートでコーティングした、クラシカルなバタークリームケーキ。鈴木信太郎画伯が描いたかわいらしい包装紙も喜ばれるポイント。

（日持ち　製造から5日）

○予約　ⓥお取り寄せ　ⓥ要冷蔵　ⓥイートイン

目黒区鷹番3-5-1　03-3716-3311
9:00〜18:30（喫茶室は12:00〜17:00、LO16:30）
火曜休（祝日の場合営業）

おしゃれすぎる
老舗の名物ケーキ

022

クリームのドレスをまとった
長年愛される名品

マロンシャンティイ

パレスホテル東京
ペストリーショップ「スイーツ&デリ」
1050円（1個）

「パレスホテル東京」のシグネチャースイーツ・マロンシャンティイは、1961年の開業時から半世紀にわたり愛されてきた。まるでドレスをまとったようなビジュアルが乙女心をくすぐる。素材は栗と生クリームとジェノワーズのみと、極めてシンプル。中には粗ごしされた栗が入っており、かむほどに風味が広がる。ホールサイズもあり。

（日持ち　当日中）

Ⓥ予約　◯お取り寄せ　Ⓥ要冷蔵　◯イートイン

千代田区丸の内1-1-1 パレスホテル東京 B1F
03-3211-5315
10:30〜19:00　無休

023

ケーキ

そびえたつ
真っ白な生クリームの山！

モンテビアンコ

L'atelier MOTOZO

604円（1個）

オーナーシェフ藤田統三氏が作るのは、イタリアの伝統レシピをベースにした独創的なお菓子の数々。イタリアとフランスにまたがる最高峰の山をモチーフにしたモンテビアンコは従来のモンブランとは一風変わった佇まい。モンブランクリームの上に雪山を思わせる生クリームがこんもりと盛られている。さらっと溶ける生クリームと、まったり濃厚なマロンクリームの競演をしかと堪能あれ。

（日持ち　当日中）

☑予約　○お取り寄せ　☑要冷蔵　○イートイン

目黒区東山3-1-4 ニューリバー東山1F
03-6451-2389
13:00〜18:00（売り切れ次第閉店）　月・火・金曜休

024

一年中楽しめる
リッチなお芋スイーツ

蜜芋モンブラン

& OIMO TOKYO CAFE 中目黒店

4824円（ギフトラッピング）

「熟成蜜芋スイーツ専門店」が手掛ける「& OIMO TOKYO」。チーズケーキとスイートポテトがコラボした蜜芋バスクチーズケーキなど、濃厚な味わいのスイーツはさつまいも愛好家たちも絶賛。中でも、ギフトにぴったりなのが箱に入ったお芋のモンブラン。香り豊かなヘーゼルナッツの生地に、熟成蜜芋の特製カスタードとクリームを挟み、さらにさつまいもの甘露煮を混ぜ込んでいる。（日持ち　冷凍で3カ月＋冷蔵で3日）

予約　お取り寄せ　要冷蔵　イートイン

目黒区青葉台1-14-4 CONTRAL nakameguro 1F
03-6416-4908　11:00〜18:00（LO17:00）、土・日曜・祝日は〜19:00（LO18:00）　無休

ケーキ

025

デコレーションプリンケーキ

プリンに恋して Esola池袋店

3000円（1ホール）

全世代がうれしい
プリンのホールケーキ

✓予約　○お取り寄せ　✓要冷蔵　○イートイン

誰もが好きなプリンがケーキに。上に季節のフルーツをたっぷりトッピング。付属のキャラメルソースをかけていただく。待てば当日でも購入可能。（日持ち　翌日）

豊島区西池袋1-12-1 Esola 池袋 B1F
03-3590-6051　11:00〜21:00
定休日は施設に準ずる

026

BAKED CHEESE CAKE

wellk

2916円（1本）

バトン形チーズケーキを
センスのある箱に詰めて

✓予約　✓お取り寄せ　✓要冷蔵　✓イートイン

レモンとバニラが香るしっとりとしたチーズケーキはフランス産クリームチーズの濃厚なコクとレモンの酸味が絶妙。目を引くパッケージもすてき。（日持ち　当日中）

目黒区三田2-5-11 吉田ビル2F
03-6303-2411
10:00〜18:00（LO17:00）　月・火曜休

027
昔ながらの製法で作る無添加キャラメル

028
キュートなパッケージで伝える感謝の気持ち

027

キャラメル 8PCS BOX

NUMBER SUGAR 表参道店

993円（8個入り）

職人が一粒一粒、手作業で作るキャラメルは、厳選した材料を使い、香料・着色料・酸味料は一切不使用。やわらかな口どけと、深みのある濃厚な味わいがたまらない。定番のバニラのほかにソルト、シナモン&ティー、ジンジャーなど、8種類のキャラメルが入ったボックスは一輪のバラのイラストがポイント。つぼみ、五分咲き、満開の3種類を用意している。

（日持ち　製造から2週間～1カ月）

✓予約　○お取り寄せ　○要冷蔵　○イートイン

渋谷区神宮前5-11-11
03-6427-3334
11:00～19:00　水曜休

028

タルティン（ストロベリー・プラリネチョコ）

タルティン 東武百貨店池袋店

各800円（4個入り）

売り切れ続出のスイーツ店「タルティン」のシグネチャースイーツといえば、店名をそのまま冠したタルト菓子・タルティン。タルト形のクッキー生地にクリームを流し込んだ小さなお菓子。フレーバーはストロベリーとプラリネチョコ（季節限定）の2種類あり、季節によりフレーバーが異なる。味もさることながら、モダンでかわいいパッケージが人気の理由。限定商品もお見逃しなく。

（日持ち　製造日を含む45日）

○予約　○お取り寄せ　○要冷蔵　○イートイン

豊島区西池袋1-1-25 東武百貨店池袋店 B1F
03-5992-8180　10:00～20:00
定休日は施設に準ずる

029

ぎっしり詰まった
チョコレートサンド

CHIYOCO
T's GALLERY

490円（1個）

GINZA SIXのスイーツショップ「T's GALLERY」では、センスのいいスイーツをセレクトして販売している。3種類のサブレとそれぞれに合う生チョコレートをサンドした、贅沢なチョコレートサンドCHIYOCOの魅力はなんといってもその種類の豊富さ。定番人気の塩キャラメルをはじめ、ラムレーズンやアールグレイなど16種類を揃える。単品はもちろん、詰め合わせもおすすめ。

（日持ち　製造から40日）

✓予約　✓お取り寄せ　○要冷蔵　○イートイン

中央区銀座6-10-1 GINZA SIX B2F
080-4681-4715　10:30〜20:30
定休日は施設に準ずる

気分があがる
ひと口サイズのミルフィーユ

果実をたのしむミルフィユ詰合せ

フランセ 表参道本店

2160円（12個入り）

チョコレートでコーティングした「果実をたのしむミルフィユ」が看板商品。フルーツやナッツのおいしさが詰まったクリームをサクサクのパイ生地でサンドしたミルフィユは、イチゴ、レモン、ピスタチオ、ジャンドゥーヤの4種類。ひと口サイズで個包装されているので、大人数に配るシーンでの差し入れにもぴったり。華やかな包装紙やショッパーも高ポイント。（日持ち　製造から80日）

Ⓥ予約　Ⓥお取り寄せ　○要冷蔵　○イートイン

港区南青山5-6-3 メーゾンブランシュⅡ 2F
03-6427-2240
11:00〜19:00（LO18:00）　無休

031

ブーケオショコラ

フルーリア グランスタ東京店

918円（5個入り）

お花屋さんのように華やかで、ホッとする味わいの焼き菓子が揃う「フルーリア」。アーモンドをのせて香ばしく焼き上げたリーフパイやナッツ&フルーツのクッキーが評判。プチギフトには6種類のハート形チョコレートをお花のパッケージで包んだブーケ オ ショコラがおすすめ。ブーケのイラストが描かれたかわいらしい小箱をまとめると、まるで大きな花束のように。販売期間は10～3月。

（日持ち　製造から3カ月）

予約　お取り寄せ　要冷蔵　イートイン

千代田区丸の内1-9-1東京駅構内1F
グランスタ東京（京葉ストリートエリア）
03-6810-0540　8:00～22:30　定休日は施設に準ずる

感謝の気持ちを
チョコでできた花束に込めて

かわいいボックスが
幸福度を倍増

032

ソリッドチョコ 猫ラベル ミルク

デメル 松屋銀座本店

2106円（105g）

チョコレートケーキの王様と呼ばれる「ザッハトルテ」発祥の地、ウィーンを代表する菓子店「デメル」。遊び心が光る唯一無二のデザインが人気で、ボックス目当ての来店者も多い。猫好きのあの人に贈りたいのが、猫ラベルのソリッドチョコ。美しく並んだ薄いチョコレートは、猫の舌がモチーフになっている。ミルクのほかにスウィート、ヘーゼルナッツがある。（日持ち　製造から6カ月）

✓予約　✓お取り寄せ　○要冷蔵　○イートイン

中央区銀座 3-6-1 松屋銀座 B1F
03-3561-4565　10:00〜20:00
定休日は施設に準ずる

033
食べ終わったら
ハガキ入れに

034
キュートな猫缶の中には
本格的なフランスの焼菓子

033

TAYORI オリジナルクッキー缶
TAYORI BAKE

3300円（31枚入り）

住宅街に佇む小さな菓子工房で作られるのは、甘さを控えめに、スパイスやお酒を使った新しい組み合わせの焼菓子。「TAYORI おじさん」がトレードマークのオリジナル缶の中には、全粒粉やチャイ、アニスココア、コーヒー、塩レモンなど、甘味と塩味が両方楽しめるクッキーが9種類。缶はハガキがぴったり収まるサイズなので、食べ終わったら手紙入れにしても。（日持ち　約2週間）

✓予約　✓お取り寄せ　○要冷蔵　○イートイン

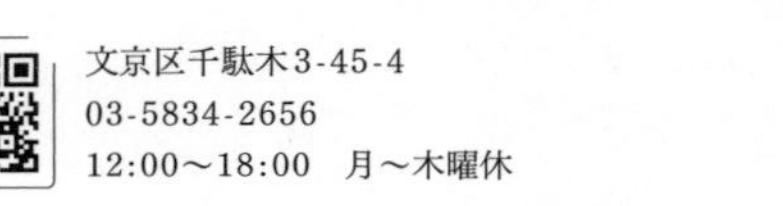
文京区千駄木3-45-4
03-5834-2656
12:00〜18:00　月〜木曜休

034

ボワット レシャ
アディクトオシェクル

2484円（150g）

オーナーシェフ、石井英美さんの愛猫をモチーフにしたというクッキー缶は、小ぶりなサイズでちょっとした贈り物にもぴったり。中身はざくざく食感のパルミエ、ココナッツ風味のサブレ、スノーボールクッキー、チョコレートクッキー、クロッカンの5種類で、どれも本場フランスの正統派の焼き菓子。オーソドックスだからこそ、一枚一枚きちんと作られていることがわかる丁寧な味にファンが多い。（日持ち　約3週間）

✓予約　○お取り寄せ　○要冷蔵　○イートイン

目黒区八雲1-10-6
03-6421-1049
11:00〜19:30　火・水曜休（ほか不定休あり）

035

箱を開けた瞬間の
歓声が聞こえてきそう

クッキーボックス レモン

POMOLOGY

1836円（39枚入り）

季節のフルーツを使った生菓子と、フルーツを主役にした焼き菓子を販売する「POMOLOGY」。懐かしい雰囲気のイラストが描かれたクッキーボックスには塩レモン、プレーン、アイシングレモンの3種類のクッキーが入っている。食べ終わったあとの缶は、デスク周りの小物を収納するのに使えるので、デスクワークで忙しい取引先へのプチギフトや打ち合わせのお供にぜひ。

（日持ち　製造から1カ月）

☑予約　☑お取り寄せ　〇要冷蔵　〇イートイン

新宿区新宿3-14-1 伊勢丹新宿店 本館B1F
03-3352-1111（伊勢丹新宿店 代表）
10:00〜20:00　定休日は施設に準ずる

036

入手困難！
大人気のすみれクッキー

マグノリア
宝塚すみれクッキー

第一ホテル東京 パティスリー「ル・ド・ブリク」

2900円（21枚入り）

宝塚にあるパティスリーマグノリアが手掛ける華やかなクッキー缶。あたり一面に咲く花をイメージした色とりどりのクッキーはエディブルフラワーをあしらったものや、アイシングですみれの花を描いたものなど8種類。アーモンドパウダーを贅沢に使用し、サクッほろっとした独特の食感に。宝石箱のようなボックスも人気。オリジナルショッパー付き。

（日持ち　製造から2カ月）

✓予約　✓お取り寄せ　○要冷蔵　○イートイン

港区新橋1-2-6第一ホテル東京1F
03-3596-7569
10:00〜18:00　無休

037

ブルターニュ クッキー アソルティ〈缶〉

ビスキュイテリエ ブルトンヌ 池袋東武店

2646円（23個入り）

良質なバターとゲランドの塩が決め手

✓予約　✓お取り寄せ　○要冷蔵　○イートイン

フランス・ブルターニュの郷土菓子を中心に販売する焼菓子専門店ならではのクッキー6種詰め合わせ。香り高いバターのおいしさが口いっぱいに広がる。（日持ち 製造から60日）

豊島区西池袋1-1-25 東武百貨店 池袋店 B1F 9番地　03-6812-1090　10:00〜20:00
定休日は施設に準ずる

038

ミディアムギフト缶

Ben's Cookies GINZA SIX店

3600円（8枚入り）

行列必至！クッキー専門店の本格クッキー

✓予約　✓お取り寄せ　○要冷蔵　○イートイン

イギリス発祥のクッキー専門店が手掛けるクッキーは、しっとりとした食感とボリュームのあるサイズ感が人気。ギフト缶は贈り先の好みに合わせて味を選べる。（日持ち 製造から4日）

中央区銀座6-10-1 GINZA SIX B2F
03-6263-9881
10:30〜20:30　定休日は施設に準ずる

039 サブレ サンド

エシレ・パティスリー オ ブール
東急フードショーエッジ店
(1)ブール (2)ピスターシュ 各368円

(1) (2)

○予約 ○お取り寄せ ✓要冷蔵 ○イートイン

エシレ バターたっぷりの
贅沢バターサンド

エシレ バターをたっぷり使ったミルキーでコクのあるバター クリームを、しっとり食感のサブレでサンド。ブール（バター）、ピスターシュ、ラムレザンの３種。（日持ち 翌日）

渋谷区渋谷2-24-12 渋谷スクランブルスクエア
ショップ＆レストラン1F 電話番号 非公開
営業時間、定休日は施設に準ずる

040 選べるフィナンシェ

バターマスター
3170円（8個入り）

○予約 ✓お取り寄せ ○要冷蔵 ○イートイン

キュートなオリジナル箱入り
本格フィナンシェ

北海道産バターに朝採れ卵、アカシアはちみつ、アーモンドパウダーを使って焼き上げたフィナンシェは、外はさっくり、中はしっとりふわふわ。（日持ち 製造から2週間）

杉並区和泉1-23-17
03-6304-3269
12:00〜18:00（LO17:30） 不定休

041
ケーキのような
フルーツ大福

042
見た目もおいしい
新感覚おかき

041

フルーツ大福

金田屋

(1)渋皮和栗のモンブラン1000円、(2)特撰苺1100円、(3)特蜜林檎800円

2021年、銀座に誕生した「金田屋」の〝ネオフルーツ大福〟は、意表を突く手みやげにもってこい。平たく伸ばした大福の上に山盛りのフルーツを飾り付けたフォルムはまるでケーキ。竹炭を練り込んだ真っ黒な求肥の中には、甘さ控えめの白あんと、厳選された旬のフルーツのおいしさを際立たせるこだわりのクリームチーズがたっぷり詰められている。高級感あふれる化粧箱も評判だ。

（日持ち　当日中）

☑予約　◯お取り寄せ　☑要冷蔵　☑イートイン

中央区銀座5-7-10 中村積善会ビル EXITMELSA 1F
070-1323-5819
11:00〜20:00　定休日は施設に準ずる

042

RICE PALETTE

きりのさか by Chuoken Senbei
グランスタ東京店

1080円（4個入り）

老舗の煎餅おかきメーカー・中央軒煎餅による、オトナ女子向けの米菓専門店にはホームパーティーやちょっとした手みやげに最適な新感覚おかきが勢揃い。RICE PALETTEは、もち玄米の生地にドライフルーツ&ナッツとチーズ&トマトをそれぞれトッピング。香り、味、見た目どれをとってもおかきの概念が覆されること間違いなし。しょっぱい系なので、男性への手みやげにも。

（日持ち　3カ月）

◯予約　◯お取り寄せ　◯要冷蔵　◯イートイン

千代田区丸の内1-9-1東京駅構内1F
グランスタ東京（京葉ストリートエリア）
03-5220-9007　8:00〜22:00
定休日は施設に準ずる

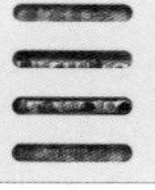

和菓子

043
スタイリッシュな
現代版和菓子

044
ビジュアル系おはぎ
ここにあり

043

DANGO

和菓子 楚々 日比谷OKUROJI店

210円～(1本)

横浜で100年続いた老舗和菓子店の味を受け継いだ、本格和菓子のテイクアウト専門店「和菓子 楚々」。伝統レシピをもとに現代風アレンジを加えたDANGOは、もっちもちの食感とさっぱりした後味が心地いい。スタイリッシュなケースに個包装されているので、その場で分け合えるのも高ポイント。一番人気はみたらし。ほかにはこしあんやくるみ味噌などが店頭に並ぶ。

(日持ち　当日中)

予約　◯お取り寄せ　◯要冷蔵　◯イートイン

和菓子

千代田区内幸町1-7-1 日比谷 OKUROJI G16
03-6205-7174
11:00～20:00　第1月曜休

044

日替わりおはぎセット

タケノとおはぎ 世田谷本店

2000円前後(7個入り)

定番のおはぎからフルーツやチョコレートを使用した進化系おはぎまで、季節ごとにさまざまなおはぎが揃う専門店。こちらでは、上生菓子のような美しいおはぎを購入できる。日替わりおはぎセットは、7種類の日替わりおはぎから花束をオーダーするように好きなものを選んで箱に詰めるスタイル。お気に入りの味を複数選べるのもうれしいポイント。

(日持ち　当日中)

予約　◯お取り寄せ　◯要冷蔵　◯イートイン

世田谷区用賀3-5-6 アーニ出版ビル1F
03-6805-6075
12:00～18:00(売り切れ次第閉店)、
予約商品の受取は14:00～　月・火曜休

045

断面にうっとり♡
旬のフルーツ大福

季節のフルーツ六種

フルーツ大福 弁才天 GINZA SIX店

3800円〜

〝自分でもきれいに切れる〟と話題のフルーツ大福専門店「フルーツ大福 弁才天」。求肥と白あんで果実を包んだ上品かつフレッシュなおいしさで、著名人にもファンが多い。手みやげにぴったりなフルーツ大福の詰め合わせは、いちごやみかん、巨峰、いちじくなど季節の果物を贅沢に使用している。美しい断面には欠かせない餅切り糸も同梱。カットする時間も楽しみたい。

（日持ち　当日中）

✓予約　✓お取り寄せ　✓要冷蔵　○イートイン

中央区銀座6-10-1 GINZA SIX B2F
03-6804-3382
10:30〜20:30　定休日は施設に準ずる

046

和菓子

モノトーンがすてきな
和素材ロールケーキ

塩黒豆ロールケーキ しろ・くろ

しろいくろ

各1944円

丹波産黒豆を使った大福や、ロールケーキと黒豆茶を提供する「しろいくろ」。イートインもできるが、テイクアウトならシックな印象の塩黒豆ロールケーキを。「くろ」は、ほんのりココア風味の生地とチーズクリームが好相性。「しろ」は、レモン風味の生地に塩気の効いた黒豆生クリームを合わせている。斬新な組み合わせに驚くはず。

(日持ち　2日)

予約　お取り寄せ　要冷蔵　イートイン

港区麻布十番2-8-1
03-3454-7225
10:00〜18:00　不定休

047 おはぎ

おはぎと大福

(1)黒ごま250円、(2)枝豆270円、(3)きなこ250円、(4)つぶあん250円

モダンテイストの日替わりおはぎ

昔ながらの製法で作る、現代風なおはぎ。つぶあんや自家焙煎きなこ、黒ごまなどの定番のほか、季節の素材を使った変わり種も用意している。（日持ち 当日中）

新宿区天神町35 谷井アパート1F　03-6457-5725
10:00〜17:00（売り切れ次第閉店）
水曜休（祝日の場合翌日）

☑予約　○お取り寄せ　○要冷蔵　○イートイン

048 和菓子屋のモンブラン〜小波〜

鎌倉五郎本店 大丸東京店

1080円

鎌倉の和菓子店による贅沢なモンブラン

伝統的な和菓子や焼菓子を販売する鎌倉の有名店が手掛ける和のモンブランは、おいもと栗のきんとんに蜜漬け渋皮栗、栗ペーストなど栗のおいしさをすべて凝縮。（日持ち 当日中）

千代田区丸の内1-9-1 大丸東京店1F
0120-151-560　10:00〜20:00
定休日は施設に準ずる

☑予約　○お取り寄せ　☑要冷蔵　○イートイン

049 たい焼き

OYOGE 六本木店

(1) 345円（イワシ1個）、
(2) 345円（アサリ2個セット）

(2)
(1)

たいじゃなくてもいいじゃない
ユニークなたい焼き

"個性を尊重する"という思いを込めて作られる新感覚のたい焼き。見た目だけでなく、洋菓子の材料と製法を用いるなど味の追求にも余念がない。（日持ち 当日中）

港区六本木7-13-10 TOMAS ビル1F 102
03-6447-0094
10:30〜23:00　無休

予約　○お取り寄せ　○要冷蔵　○イートイン

050 ドライフルーツの羊羹

wagashi asobi

2500円（1棹）

パンに合う和菓子
という新ジャンル

いちじくやくるみを練り込んだラム酒が香る大人のための羊羹。クリームチーズとともにバゲットにのせてはちみつを落とせばワインと相性抜群のおつまみに。（日持ち 製造より15日）

大田区上池台 1-16-2
03-3748-3539
10:00〜17:00　日曜不定休

予約　○お取り寄せ　○要冷蔵　○イートイン

鮮やかな野菜が彩る
ヘルシーだけじゃない斬新な和菓子

野菜最中、野菜羊羹

麻布野菜菓子

3545円（9個セット）
2257円（6個セット）

〝野菜で作ったちょっとだけ贅沢なお菓子〟がコンセプト。野菜最中は野菜のスライスをそのままのせて焼いた最中の皮と、野菜と生クリームを練り込んだ風味豊かな野菜あんとの絶妙なハーモニーが楽しい。野菜羊羹は、白あんに野菜をたっぷり練り込み、隠し味にラム酒を効かせた大人味の洋風羊羹。トマト、ショウガ、ゴボウ、イチジク、黒ゴマの5種類がセットになっている。

（日持ち　製造日から3カ月（最中）、1年（羊羹））

Ⓥ予約　Ⓥお取り寄せ　○要冷蔵　○イートイン

港区麻布十番 3-1-5　03-5439-6499
11:00〜19:00（土・日曜・祝日〜18:30）
火曜休

052

和菓子

賞味期限5時間
幻の絶品生大福

生大福

あいと電氣餅店

4000円（10個入り）

創業107年を誇る、福島県南相馬市生まれの大福店の生大福。幻と言われる所以は、賞味期限がたったの5時間だというところにある。添加物や保存料を使用せず、100％もち米のみで作られるお餅はうっとりするほどやわらかい。中には、上品な甘さのこしあんが。いくつでも食べてしまえそうなとろける軽さが人気の理由だ。風呂敷包みは完全予約制。いちご生大福もおすすめ。

（日持ち　5時間）

✓予約　○お取り寄せ　○要冷蔵　✓イートイン

渋谷区富ケ谷1-3-4　03-5738-7849
10:30〜16:00
月曜休（祝日の場合は翌日）

053

串団子

新宿追分だんご本舗

(1)抹茶あんだんご270円、(2)みたらし216円

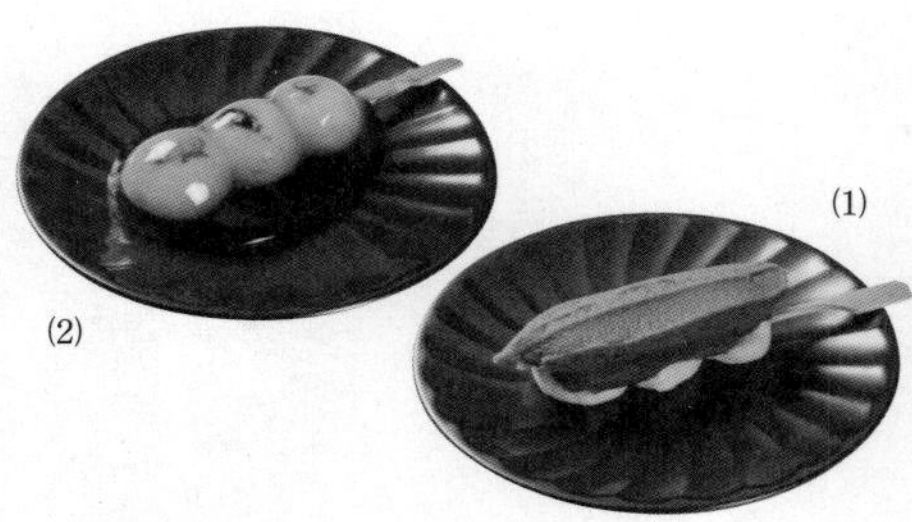

(1)

(2)

カラフルな串団子に目を奪われる

一つひとつ熟練の職人が手作りしている串団子は弾力がありなめらかで、味のバリエーションが多いのがうれしい。一番人気は特製タレを絡めたみたらし。（日持ち 当日中）

予約 ◯お取り寄せ ◯要冷蔵 イートイン

新宿区新宿3-1-22　03-3351-0101
10:30〜19:00（売り切れ次第閉店）、喫茶は12:00〜18:00（LO17:00）、土・日曜・祝日11:30〜18:00（LO17:30）
無休

054

白いちじくとマスカルポーネの大福

餅菓子専門 KIKYOYA ORII

480円（1個）

ニューノーマルなおしゃれ大福

試行錯誤を繰り返して作ったという大福は、食にこだわりのあるあの人へ。白いちじくあんをマスカルポーネクリームが優しく包み込み、芳醇な味わいに。（日持ち 当日中）

予約 ◯お取り寄せ ◯要冷蔵 ◯イートイン

世田谷区駒沢1-4-11　03-6805-5228
10:30〜18:30
火曜休（その他月ごとに定休日あり）

055 どら焼き

亀十

390円（1個）

連日大行列の浅草名物

オープン前から行列ができる人気のどら焼き。ふんわりと優しい食感の生地はしっかりとした甘みの「黒あん」と甘さ控えめの「白あん」、どちらとも好相性。 （日持ち 3日）

台東区雷門2-18-11　03-3841-2210
10:00〜19:00
不定休（月1回程度）

ⓥ予約　○お取り寄せ　○要冷蔵　○イートイン

和菓子

056 あんペースト

トラヤあんスタンド

（1）こしあん1080円、（2）黒砂糖とメープルシロップ1080円

(2)　(1)

たっぷりとトーストにのせて

老舗和菓子店「とらや」のあんがペーストになって登場。トーストにバターとともにたっぷりのせていただくと絶品。2個入り2376円も販売している。 （日持ち 製造から1年）

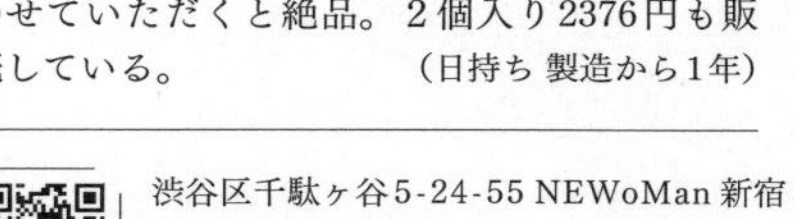

渋谷区千駄ヶ谷5-24-55 NEWoMan 新宿 2F
03-6273-1073　10:00〜21:00
定休日は施設に準ずる

ⓥ予約　ⓥお取り寄せ　○要冷蔵　○イートイン

057
小さなスイーツが
ぎっしり!
幸せなおやつタイムに

058
本好きに贈る
ひねりのきいた
ホテルスイーツ

057

9'Sweets（ナインスイーツ）

オークラ東京
デリカテッセン シェフズガーデン

6000円

ホテルオークラ伝統のスイーツやオリジナル商品が並ぶ「オークラ東京デリカテッセン シェフズガーデン」。数あるホテルメイドの手みやげの中で特におすすめなのが、定番から季節の新作まで9種類のスイーツが少し小さめにリサイズされ詰め込まれた9'Sweetsだ。誰がどれを食べるか選ぶ時間も至福のひととき。

（日持ち　当日中）

㋹予約　〇お取り寄せ　㋹要冷蔵　〇イートイン

港区虎ノ門2-10-4
オークラプレステージタワー 5F
03-3505-6072
10:00〜20:00　無休

058

アンダーズ チョコレートライブラリー

アンダーズ 東京 ペストリー ショップ

3100円（スモール）

スペシャルな場面にふさわしいホテルメイドスイーツ。エスプリの効いたスイーツをスマートに渡したいときにぴったりなのが「アンダーズ東京 ペストリー ショップ」のブックタイプのチョコレートボックス。まるで本を選ぶようにフレーバー名が印字されたインデックス風の仕切りを探るのがなんとも楽しい。手を汚さず片手で食べられるので、読書のお供にも。

（日持ち　製造から約1カ月）

㋹予約　〇お取り寄せ　〇要冷蔵　㋹イートイン

港区虎ノ門1-23-4 虎ノ門ヒルズ 森タワー 1F
03-6830-7765
10:00〜19:00（LO18:45）　無休

059

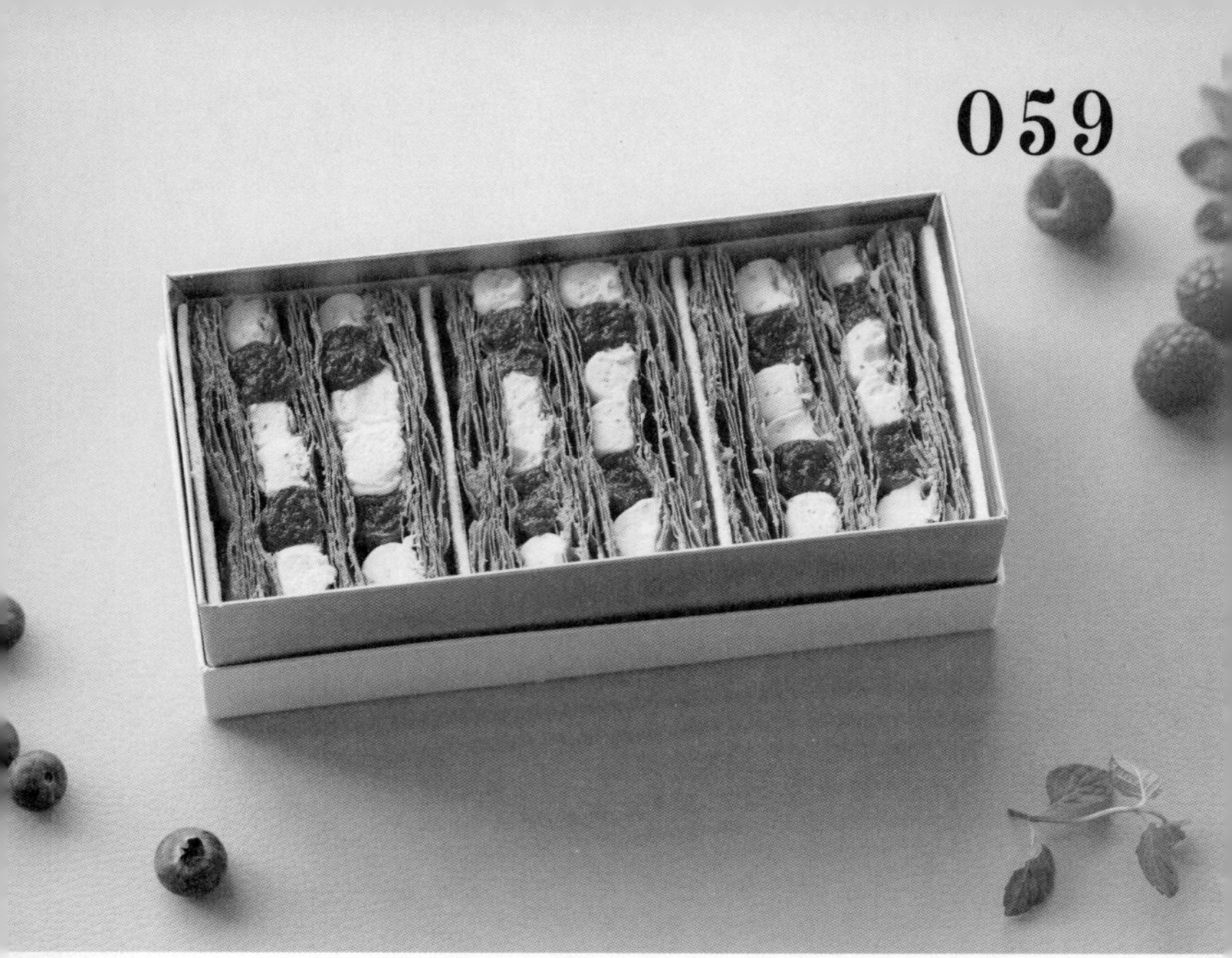

まるでジュエリーボックス
旬を詰め込んだミルフィーユ

季節のミルフィーユ

フォーシーズンズホテル丸の内 東京

7000円～

サクサク生地が人気のミルフィーユは、フォーシーズンズホテル丸の内東京総料理長 ダニエル・カルバー氏のシグネチャー。イートインもできるが、テイクアウトの場合、真っ白なボックスに隙間なく収められたミルフィーユが美しい層をなす様が実に見事。旬の食材を使うため、フレーバーは2カ月ごとに変化する。ワンランク上の手みやげにふさわしいホテルスイーツだ。

（日持ち　当日中）

✓予約　○お取り寄せ　✓要冷蔵　✓イートイン

千代田区丸の内1-11-１ フォーシーズンズホテル丸の内 東京「MAISON MARUNOUCHI（メゾン マルノウチ）」
03-5222-5880　6:30～22:00、イートインは11:30～22:00（LO21:30）　無休

060

ちょっとした手みやげに
シェフ自慢のホテルスイーツ

マンゴープリン

ザ・ペニンシュラ ブティック&カフェ

880円(1個)

「ザ・ペニンシュラ東京」のペストリーシェフが自信を持って提供するマンゴープリンは、ちょっとした差し入れや自分へのご褒美に。スプーンを入れると、中からココナッツソースが溶け出し、マンゴーの爽やかな甘酸っぱさとココナッツの濃厚な味わいが絶妙なハーモニーを奏でる。シンプルな見た目ながら、その奥深い味わいは悶絶級。贈り物には日持ちする個包装タイプの6個入り3990円を。

(日持ち　当日中)

予約 ○ お取り寄せ 要冷蔵 イートイン

千代田区有楽町1-8-1ザ・ペニンシュラ東京 B1F
03-6270-2888
11:00〜18:00　無休

ホテルスイーツ

(2)
(1)

**凛とした佇まいが美しい
贅沢すぎるショートケーキ**

ショートケーキ

ホテルニューオータニ
パティスリー SATSUKI
(1) 1864円(ストロベリーショートケーキ)、
(2) 1836円(スーパーメロンショートケーキ)

総料理長・中島眞介氏が素材全てにこだわって作る究極のラグジュアリーショートケーキが評判の「ホテルニューオータニ パティスリーSATSUKI」。誕生からレシピを一切変えていないにもかかわらず愛されてきた、いちごのショートケーキはもちろん、糖度14度以上のマスクメロンのみを贅沢に使用した1日40個限定のスーパーメロンショートショートケーキもぜひ。

(日持ち　当日中)

✓予約　○お取り寄せ　✓要冷蔵　✓イートイン

千代田区紀尾井町4-1
ホテルニューオータニ ザ・メインロビィ階
03-3221-7252　11:00〜20:00　無休

062

技巧派チョコを
大切な節目に

夫婦折り鶴チョコ

ホテル雅叙園東京
PATISSERIE「栞杏1928」

4200円

〝シンプルにつくること、素材を生かすこと〟をモットーに、伝統菓子をベースに時代に合うスイーツを作り出す技術に定評があるホテル雅叙園東京のペストリー。折り鶴や手毬の細工、ホテルの天井画がプリントされたショコラなど、アーティスティックなスイーツはここぞという場面での手みやげに重宝されている。夫婦折り鶴チョコはお祝いの贈り物にも。3日前までの完全予約制。

（日持ち　製造日から1ヵ月）

Ⓥ予約　◯お取り寄せ　◯要冷蔵　◯イートイン

目黒区下目黒1-8-1 ホテル雅叙園東京 1F
03-5434-5230
11:00〜20:00　無休

063

バリエ豊富で楽しい
宝石みたいなカヌレたち

063

カヌレ

boB 原宿店

340円〜（1個）

原宿のど真ん中にある小さなカヌレ専門店「boB 原宿店」。銀座のイタリアンの厨房で毎日手作りされるカヌレは、表面はカリッと香ばしく、中はもちもち。さらに中心まで食べ進めるととろっとなめらかな食感へと変化していく。卵黄をたっぷりと使用し、生地の発酵からトッピングまでに丸2日間かけて丁寧に作り上げることで、この独特の〝半熟〟食感が生まれるのだという。多彩なフレーバーもまた、この店ならでは。桃とアールグレイ、ラズベリーとカカオ、スパイスとオレンジなど、ユニークな食材の組み合わせの定番8種類のほか、期間限定商品が並ぶ。期間限定商品には、季節のフルーツを丸ごと使ったカヌレもあるというのだからおもしろい。カヌレは単品での購入ももちろん可能だが、せっかくなら詰め合わせのセットを選びたい。箱の中に色とりどりのカヌレが並ぶ様子は、まるでお菓子でできた宝石のよう。1つ食べたらまた次へと手が伸びてしまう、見た目、食感、味、どれをとっても新感覚のカヌレだ。

（日持ち　冷蔵で3日）

✓予約　○お取り寄せ　✓要冷蔵　✓イートイン

焼菓子

渋谷区神宮前4-31-10 ワイ・エム・スクウェア原宿1F
03-4400-1556
11:00〜19:00（土・日曜、祝日は10:00〜）　第3火曜休

プラントベースの
バナナブレッド

オリジナルバナナブレッド

ovgo Baker BBB

550円（1ピース）

2023年11月に虎ノ門ヒルズにオープンしたプラントベースのベイクショップ「ovgo Baker」によるバナナブレッド専門店。創業以来愛され続けるバナナブレッドのほか、店舗限定のフレーバーやホールケーキも販売。材料は全て植物性のため、アレルギーフリー&ヴィーガン対応。バナナチップスをふんだんに使用したチョコバナナクッキー400円もおすすめ。

（日持ち　当日中）

☑予約　☑お取り寄せ　☑要冷蔵　○イートイン

港区虎ノ門2-108-1 虎ノ門ヒルズステーションタワーB2F
T-MARKET
03-6811-1224　11:00〜20:00　無休

065

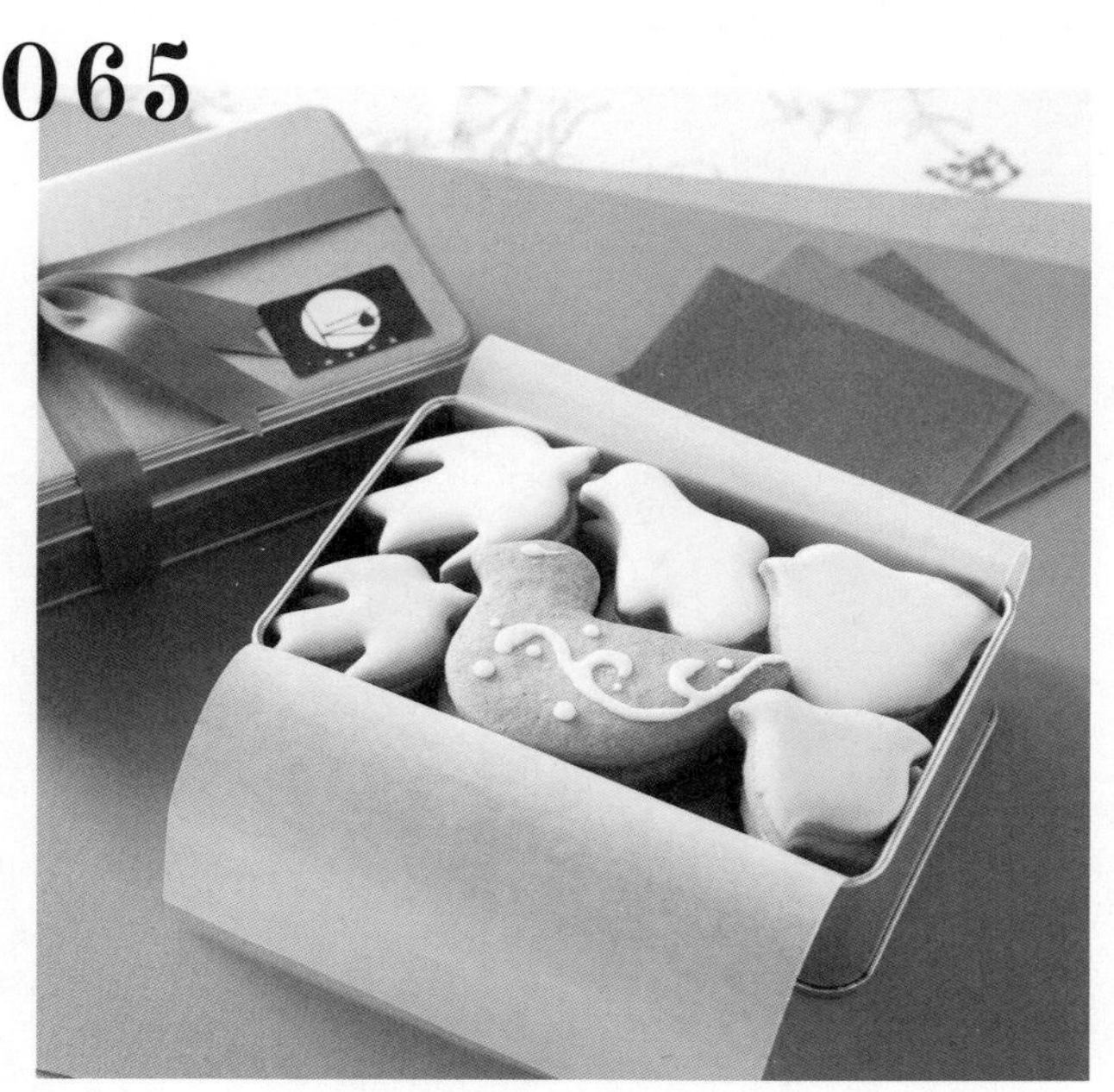

焼菓子

入手困難クッキーを
お呼ばれに

鳥のかたちクッキー

菓子工房ルスルス 浅草店

1792円（19枚入り）

古民家を改装したかわいらしい店構えの焼菓子店。シンプルながら丁寧に作られていることがわかる優しい味が魅力で、大人気のレモン風味の砂糖がけクッキーは電話での予約取り置きがおすすめ。缶に入った赤やオレンジの折り紙が表す夕焼けの中を飛ぶ鳥をイメージしているそうで、幻想的な形は見るだけで楽しい。なかなか手に入らないからこそ喜ばれること間違いなし。

（日持ち　製造日から2週間）

予約　お取り寄せ　要冷蔵　イートイン

台東区浅草3-31-7
03-6240-6601　12:00〜20:00
不定休

話題のパティスリーの看板商品

066

フィナンシェ詰め合わせ

PAYSAGE 代官山本店

2916円（6個入り）

デセールパティシエとして活躍する江藤英樹氏によるスイーツブランド「PAYSAGE」の旗艦店が、2024年2月に代官山にオープン。1階のブティックではケーキや生菓子、焼菓子が購入できる。看板商品のフィナンシェはプレーン、メープル、ガーデン、ピスタチオ、ショコラの5種類をラインナップ。しっとりとした食感と、香ばしい香りがやみつきになること間違いなし。

（日持ち　2週間）

✓予約　✓お取り寄せ　○要冷蔵　✓イートイン

東京都渋谷区代官山町20-23
Forestgate Daikanyama
03-6455-2515　11:00〜19:00（LO18:30）
月曜休

ふんわりスパイスが香る
大人味のカステラ

焼菓子

067

スパイスカステラ［especial］

DE CARNERO CASTE

1188円（1本）

ひとつずつ焼き印が押されたかわいいカステラがギフトにぴったりと評判のカステラ専門店。大人への贈り物なら、スパイスカステラ［especial］がおすすめ。シナモンやクローブなどのスパイスが効いているので、お酒との相性も抜群。生地に練り込まれたカカオニブが食感のアクセントになっている。カステラに使用しているはちみつや粗糖などが、無添加で国産なのも喜ばれるポイントのひとつ。

（日持ち　製造から1カ月）

✓予約　✓お取り寄せ　○要冷蔵　○イートイン

世田谷区若林 3-17-10
03-6450-9290　11:00〜18:00
水曜休

068

勝負手みやげに選びたい
ホテルメイドのケーキ

抹茶のケーキ「テ ヴェール」

帝国ホテル 東京 ホテルショップ
「ガルガンチュワ」

4320円

日本を代表するホテル「帝国ホテル 東京」の手みやげとして長年愛され続けてきた、抹茶のケーキ「テ ヴェール」。宇治抹茶とホワイトチョコレートを合わせたしっとりとした生地に大納言あずきを加えて焼き上げている。さりげなくケーキの底に敷かれたアーモンドパウダーと大きな粉のタルト生地が香ばしさを演出。専用の風呂敷で包んで販売されている。

（日持ち　製造から2週間）

✓予約　✓お取り寄せ　○要冷蔵　○イートイン

千代田区内幸町1-1-1 帝国ホテル 東京
03-3539-8086　10:00〜19:00
無休

069

マカロンアソート

ジェラテリア テオブロマ

3639円（10個入り）

食べる前から楽しいマカロンボックス

✓予約　✓お取り寄せ　○要冷蔵　○イートイン

チョコ、ピスタチオ、バニラ、レモンなど5種類のマカロンが入っており、個数によってボックスのデザインが異なる。中身のクリームやジャムもさまざま。　（日持ち　製造から10日）

新宿区神楽坂6-8 BorgoOojime
03-5206-5195　11:00〜19:30（LO19:00）
月曜休（祝日の場合営業）

070

クッキー

山谷酒場

300円〜

ひねりを利かせた手みやげならコレ

✓予約　○お取り寄せ　○要冷蔵　○イートイン

わざわざ買いに行く価値があると評判のテイクアウト限定のクッキーは、クローブやアニス、チリなどのスパイスをふんだんに使ったクセになる味わい。　（日持ち　製造から3週間）

台東区日本堤1-10-6　03-5808-9245
17:00〜23:00
（土・日曜・祝日は16:00〜）　月・火曜休

071

“ページ”スタッフの帽子が
かわいらしいチョコレートに

ハットマンディアン

ザ・ペニンシュラ ブティック&カフェ
3000円（Sサイズ）

ザ・ペニンシュラ東京の地下1階にある「ザ・ペニンシュラ ブティック&カフェ」ではホテル特製のスイーツやベーカリー、チョコレートなどを販売している。こちらでぜひとも購入したいのが、ホテルのアイコン的存在のスタッフ「ページ」の帽子を模した陶器の器に入ったチョコレートの詰め合わせ。食べ終わったあとにオブジェや小物入れとして使えるのもうれしい。

（日持ち 製造から1カ月）

✓予約 ◯お取り寄せ ◯要冷蔵 ◯イートイン

千代田区有楽町1-8-1ザ・ペニンシュラ東京 B1F
03-6270-2888 11:00〜18:00
無休

072

日本の伝統芸術を落とし込んだ
アートなショコラ

天井画ショコラ「竹林」

ホテル雅叙園東京
PATISSERIE「栞杏1928」

3000円

1928年の創業以来、日本の伝統美を今に伝える装飾が随所にちりばめられている「ホテル雅叙園東京」。ペストリー料理長 生野剛哉氏が手掛けるショコラには、ホテルの内装と同じく日本の伝統美術が取り入れられている。天井画ショコラ「竹林」は、館内の天井や欄間を飾る数々の日本画をボンボンショコラで再現。ほうじ茶、紫蘇、ライチローズ、山椒、トロピカルペッパーの5個入り。

（日持ち　製造から3週間）

○予約　◎お取り寄せ　○要冷蔵　○イートイン

チョコレート

目黒区下目黒1-8-1 ホテル雅叙園東京 1F
03-5434-5230　11:00〜20:00
無休

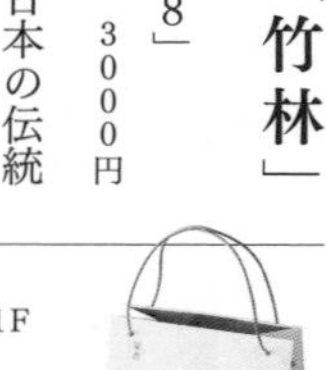

073

厚さ2mm
人気チョコレートの限定版

Chiyo Choco ~ 2024 edition ~

パレスホテル東京
ペストリーショップ「スイーツ&デリ」
3800円（6枚入り）

開業以来、日本のみならず海外のゲストからも人気を博している「千代ちょこ」は、江戸千代紙や着物の模様など日本の伝統美を取り入れた定番のチョコレート。毎年さまざまなアーティストとコラボレートした数量限定の特別版が発売される（写真は2024年の河野ルル氏とのコラボレーション）。めくるごとにときめくアルバムのようなパッケージにも注目を。

（日持ち　出荷日から3週間）

Ⓥ予約　Ⓥお取り寄せ　Ⓥ要冷蔵　○イートイン

千代田区丸の内1-1-1 パレスホテル東京 B1F
03-3211-5315　10:30〜19:00
無休

074

**ポップな缶に入った
キャビアのようなチョコレート**

ミニキャビア

ジェラテリア テオブロマ

3294円（5缶セット）

ショコラティエ・土屋公二氏が手掛けるジェラテリアは、テイクアウトできるスイーツも充実。プチギフトに最適な「ミニキャビア」はキャビアをイメージした小さな粒のチョコレート。画家の樋上公実子氏によって描かれたキュートなチョウザメのイラストはストーリー仕立てになっている。カカオの風味が楽しめるビターと、シリアル入りのミルク、ホワイト、ルビー、キャラメルの5種類入り。

（日持ち　製造から2カ月）

Ⓥ予約　Ⓥお取り寄せ　〇要冷蔵　〇イートイン

新宿区神楽坂6-8 Borgo Oojime
03-5206-5195　11:00〜19:30（LO19：00）
月曜（祝日は営業）

075

特別なときに選びたい
ホテル限定ボックス

076

名ショコラティエの味を
ピンクの箱に詰めて

075

チョコレート・ジェムズ

ブルガリ ホテル 東京

6590円（4個）

2023年4月にオープンした話題の「ブルガリ ホテル 東京」のスイーツは、大切な人への手みやげに。ホテル内にあるブティックで手に入るブルガリのイル・チョコラートのシグネチャー、「チョコレート・ジェムズ」はその名の通りまさに宝石（ジェムズ）のような美しさ。オレンジハニー、ジャスミン、ローズマリー&レモン、ピスタチオ&アプリコットの4種セットはホテルでのみ手に入る。

（日持ち　2〜3週間）

Ⓥ予約　○お取り寄せ　Ⓥ要冷蔵　○イートイン

中央区八重洲2-2-1　03-6262-3333
11:00〜19:00
無休

076

ディスカバリー・ショコラ

クリオロ 麻布台ヒルズ店

2750円（小箱セット）

毎年パリで行われているショコラの祭典「サロン・デュ・ショコラ」でも受賞歴のあるチョコレートの達人、サントス・アントワーヌシェフ。彼が「チョコレートの魅力を再発見してもらいたい」との思いで作った「ディスカバリー・ショコラ」は、なめらかなガナッシュやサクサクのサブレを組み合わせたリッチなチョコレート菓子。多彩な味わいが、かわいらしいピンクの箱に詰め込まれている。

（日持ち　製造から21日）

Ⓥ予約　○お取り寄せ　○要冷蔵　○イートイン

港区虎ノ門5-9-1 麻布台ヒルズ ガーデンプラザB B1F
03-6432-4660　11:00〜20:00
無休

077

ドーナツ

I'm donut? 中目黒店

(1)フランボワーズ470円、(2)プロシュート470円、(3)チョコレート350円

数年前に注目を集め始めた「I'm donut?」のドーナツは今や手みやげの定番。並んででも購入したいのは、低温長期発酵させたブリオッシュ生地を使用することで実現した、ふわふわ&とろける食感の生ドーナツ。クリームたっぷりの甘い系から、生ハムをのせた塩系まで常時8種類が店頭に並ぶ。6個以上購入するとオリジナルボックスに入れてくれる。売り切れ必至なので、早めの時間が吉。（日持ち　当日中）

○予約　○お取り寄せ　○要冷蔵　○イートイン

(1)

(2)

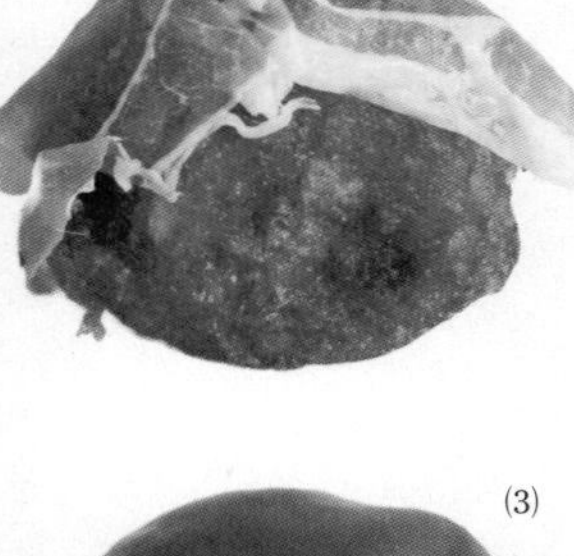

(3)

トレンドスイーツなら
これ一択

目黒区上目黒1-22-10
電話番号なし
9:00～19:00（売切れ次第終了）　無休

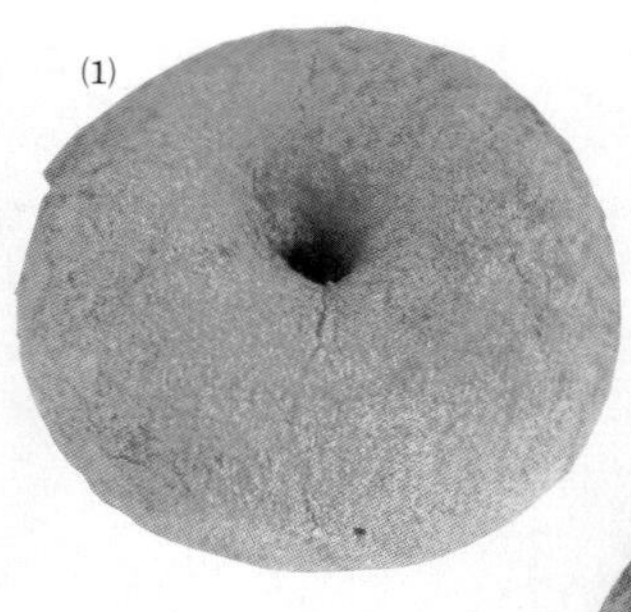

(1)

(2)

コーヒーが
飲みたくなる
シンプルドーナツ

078

ドーナツ

coffee & donuts haritts

(1)プレーン240円、
(2)カカオプレーン240円

移動式カフェとして2004年に誕生し、2006年に代々木上原に店舗がオープンした「coffee & donuts haritts」。古民家を改装した落ち着いた雰囲気の店内に、発酵生地を使ったふんわりもちもちとした食感のドーナツが常時10種類ほど並ぶ（時間帯によっては少なめの場合あり）。シンプルな味わいなので、世代を問わずに喜ばれるはず。

（日持ち　当日中）

○予約　○お取り寄せ　○要冷蔵　ⓥイートイン

渋谷区上原1-34-2
03-3466-0600　10:00〜16:00（土曜・祝日11：30〜）
日曜休（不定期営業）

コーヒーショップの
ふわもちドーナツ

ブリオッシュドーナツ

THE ROASTERY BY NOZY COFFEE

プレーン450円（1個）

原宿・キャットストリートにある「THE ROASTERY BY NOZY COFFEE」は世界各地で買い付けた高品質なシングルオリジンの豆を扱うコーヒーショップ。コーヒー好きへの手みやげに選びたいのが、コーヒーと相性抜群の自社ベーカリーが作る生地を使用したドーナツやマフィン。バターや卵をふんだんに使ったブリオッシュ生地を揚げたドーナツはふわもち食感で食べごたえ満点。

（日持ち　当日中）

○予約　○お取り寄せ　○要冷蔵　ⓥイートイン

渋谷区神宮前5-17-13
03-6450-5755　10:00〜20:00
無休

080

大人にも子どもにも
かわいいヘルシードーナツ

どうぶつドーナツ

フロレスタ 高円寺店

313円～（1個）

体に優しいドーナツの店「フロレスタ」は全国各地に展開しており、オンラインでも購入可能。防腐剤や保存料など添加物不使用で、子どもも安心して食べられるのがうれしい。一番人気のどうぶつドーナツは、シンプルなドーナツに有機抹茶やかぼちゃパウダーなど自然の素材で色付け。あまりにかわいくて食べるのがもったいなくなりそう。ねこやうさぎなどどうぶつは13種類。保存する場合は冷凍で。

（日持ち　当日中）

ⓥ予約　ⓥお取り寄せ　○要冷蔵　ⓥイートイン

杉並区高円寺北3-34-1
03-5356-5656　10:00〜20:00
不定休

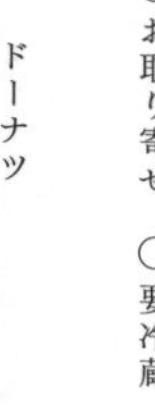

081

**フレンチ出身シェフ考案の
本格カップスイーツ**

杏仁豆腐クラシック
プリンロワイヤル&ヴェリーヌ

自由が丘蔭山樓 GINZA SIX店

プリンロワイヤル842円(1個)
ヴェリーヌ 杏仁豆腐クラシック734円(1個)

自由が丘に本店を構えるフレンチ中華の人気店「蔭山樓」のカップスイーツ。ヴェリーヌ 杏仁豆腐クラシックは、杏仁の優雅な香りと驚くほど儚い口溶けがたまらない逸品。プリンロワイヤルはマダガスカル産のバニラビーンズやイタリア産マスカルポーネ、自家製ラムレーズンを使い、徹底的に火入れにこだわった究極のプリン。

(日持ち 当日中)

○予約 ○お取り寄せ ⓥ要冷蔵 ○イートイン

中央区銀座6-10-1 GINZA SIX B2F
03-6280-6689 10:30〜20:30
定休日は施設に準ずる

082

渋谷店限定
ボトル入りプリンアラモード

プリンアラモード

ENVEDETTE
渋谷スクランブルスクエア店

702円（1個）

さまざまな世界コンクール受賞歴を誇る森大祐氏が手掛ける、遊び心と本格的な技巧が融合したスイーツ。渋谷店限定のボトル入りプリンアラモードは、渋谷の人混みの中で持ち歩いても崩れないスイーツとして誕生。なめらかプリンと旬のフルーツキャラメルソースを合わせたシンプルかつ上品な味わいが人気を集めている。ほかにも渋谷店限定のスイーツが多数。

（日持ち　当日中）

Ⓥ予約　〇お取り寄せ　Ⓥ要冷蔵　〇イートイン

渋谷区渋谷2-24-12 渋谷スクランブルスクエア1F
03-6450-6755　10:00〜21:00
定休日は施設に準ずる

083

なめらかメロンプリン（青肉／赤肉）

果房 メロンとロマン

680円（1個）

メロンの華やかな香りを閉じ込めたひと品

✓予約　○お取り寄せ　✓要冷蔵　✓イートイン

なめらかな口どけのプリンに果肉入りのメロンジュレを合わせて。メロンの産地である青森県つがる市が運営しているだけあってさすがのおいしさ。（日持ち 当日中）

新宿区神楽坂3-6-92　03-6280-7020
11:30〜17:30（カフェ LO16:30、ドリンクのテイクアウト LO17:00）
月・火曜休（祝日の場合営業）

084

レトロプリン

プリンに恋して Esola池袋店

350円（1個）

万人受け必至のレトロな硬めプリン

○予約　✓お取り寄せ　✓要冷蔵　○イートイン

昔懐かしいレトロプリンを再現した看板商品。卵のコクを感じる硬めのプリンは濃厚な卵と牛乳から生まれるコクと口どけが絶品。追いカラメル付き。（日持ち 製造から2日）

豊島区西池袋1-12-1 Esola池袋 B1F
03-3590-6051　11:00〜21:00
定休日は施設に準ずる

085

ブランデー入りの
大人のための
プリン

ブランデウェイン&ハミングカルヴァドス

ACHO 神楽坂

508円(1個)

「地養卵」の卵黄だけを使用したカスタードプリンが人気の店。大人におすすめなのが、お酒の入ったプリンだ。ブランデウェインは、チョコレートクリームに高級ブランデー・コニャックを合わせた、濃厚かつ芳醇な味わいのチョコレートプリン。ハミングカルヴァドスは、カスタードにりんごのブランデー・カルヴァドスを合わせ、フルーティーで華やかな香りが絶妙。

(日持ち　翌日)

✓予約　○お取り寄せ　○要冷蔵　○イートイン

新宿区矢来町103
03-3269-8933
11:00〜19:00(土・日曜・祝日は〜18:00)
火曜、第1・3水曜休

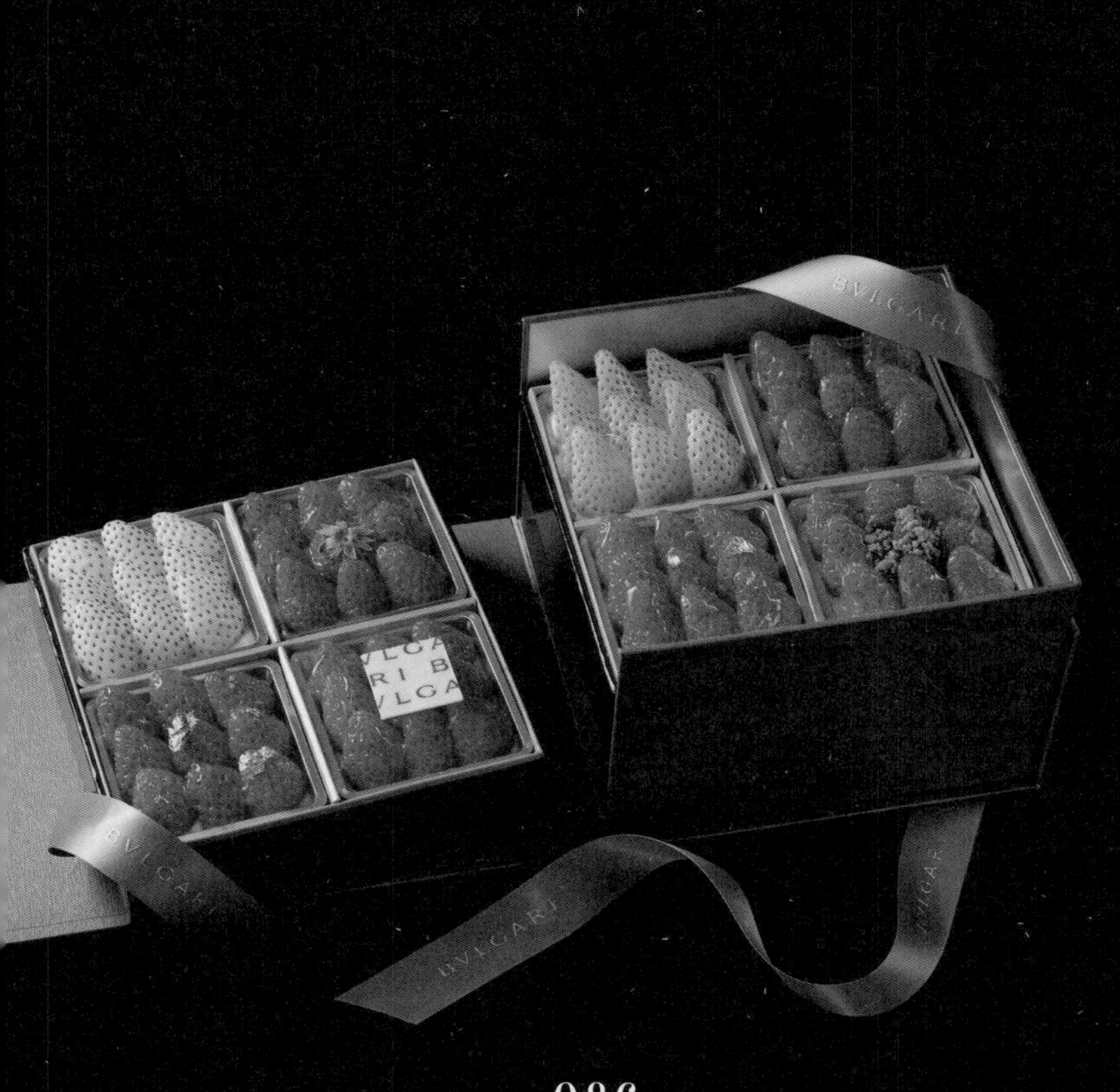

086

ジュエリーボックスのような
ドルチェに魅了される

086

アフタヌーン・ドルチ・ボックス

ブルガリ イル・リストランテ ルカ・ファンティン

1万4000円～

ブルガリが手掛けるレストランでは、季節のフルーツを使ったデザートをテイクアウトできる。高級感あふれるボックスの中には、まるでジュエリーのようにきらめく8種のデザートたち。レストランが大切にしている旬の食材を使うことへのこだわりと、食材そのもののおいしさを生かしながらさらに魅力を引き出すという思いが込められているという「アフタヌーン・ドルチ・ボックス」は、旬のフルーツが持つフレッシュな味わいを食べ比べることができる。瑞々しいフルーツの下には、ティラミスやパンナコッタ、カタラーナ、ムースなど、数々のイタリアンドルチェが隠されており、フルーツのポテンシャルをさらに引き出し、バラエティに富んだ味わいを堪能できる。ただ美しいだけでなく、発見とおいしさの詰まった究極のデザートである。フルーツは季節ごとに異なる。写真は冬季限定「ストロベリー・アフタヌーン・ドルチ・ボックス」。価格はフルーツにより異なる場合あり。（日持ち　当日中）

予約 ○　お取り寄せ ○　要冷蔵 ○　イートイン ○

中央区銀座2-7-12 ブルガリ銀座タワー9F
03-6362-0555
専用サイト「OMAKASE」から事前予約の上
13:00、15:00、16:30に店頭受取　日・月曜休

087

おうちでパーティー気分を
味わうなら

Ginger Garden tea party box (PINK)

Ginger Garden AOYAMA

5500円

フラワーアレンジメントが素敵な「Ginger Garden AOYAMA」では、アフタヌーンティーセットをテイクアウトできる。かわいらしいピンクのボックスの中には、セイボリーとスイーツ、ドリンクが入っており、これさえあればすぐにパーティーが始められるという優れもの。メッセージカードも付いているので、誕生日や結婚祝い、ベビーシャワーに贈るのもおすすめ。（日持ち　当日中）

予約　お取り寄せ　要冷蔵　イートイン

港区南青山5-10-8アナーブル1F　050-5232-6084
アフタヌーンティーの提供（イートイン）は
11:00〜、13:30〜、16:00〜、18:30〜　無休

088

ヴィーガンスイーツも
進化中

フルーツサンド

fruits and season

550円~(1個)

乳製品や卵など、動物性の食材を使用しないヴィーガン対応のフルーツサンドを販売する「fruits and season」。カロリーが通常の1/3というのも人気の理由で、フルーツを丸ごと使用する。愛知県岡崎市のダイワスーパーが毎朝市場で仕入れる旬のフルーツは、豆乳ベースの自家製クリームとベストマッチ。パンにも豆乳を使用している。ヴィーガンスイーツがこんなにもおいしくなっていることに驚くはず。

(日持ち　当日中)

予約　お取り寄せ　要冷蔵　イートイン

渋谷区恵比寿西1-10-1 クリーンパレス1F
電話番号なし
営業時間・定休日はInstagramを確認

089 フルーツサンド

INITIAL Omotesando

（右）赤ぶどうのお花800円、（左）みかんのお花800円

**フルーツのお花をサンド!?
断面がかわいすぎると話題**

季節のフルーツをお花の形にレイアウトした、断面萌えのフルーツサンド。こだわりのクリームは、ほとんど砂糖を入れず2種類の北海道産クリームを配合。（日持ち 当日中）

渋谷区神宮前6-12-7 VORT 神宮前II A棟 1F
03-6803-8979　12:00〜21:00
（土・日曜は11:00〜）　無休

○予約　○お取り寄せ　Ⓥ要冷蔵　Ⓥイートイン

090 フルーツサンド

銀座千疋屋 銀座本店 フルーツショップ

1512円（1個）

**ボックスもキュートな
老舗のフルーツサンド**

優しい甘さのホイップクリームといちご、マスクメロン、りんご、黄桃を挟んだ、高級フルーツサンドは、隠し味の細かく刻んだ栗の甘露煮がアクセント。（日持ち 当日中）

中央区銀座5-5-1 1F
03-3572-0101　11:00〜19:00
（土・日曜・祝日は〜18:00）　無休

Ⓥ予約　○お取り寄せ　Ⓥ要冷蔵　○イートイン

091

プレミアムいちごサンド

堀内果実園 ソラマチ店

1280円（1個）

農園直送の
食べ頃フルーツをサンド

農園から直送した奈良県産ブランドいちごをたっぷりサンド。生クリームに加えカスタードも入っており、デザート感満載。いちごの旬の時期のみ販売。（日持ち 当日中）

墨田区押上1-1-2 東京スカイツリータウン・ソラマチ イーストヤード1F 12番地　03-6658-8588
10:00〜21:00（LO20:30）　定休日は施設に準ずる

予約　○お取り寄せ　要冷蔵　イートイン

092

八百屋が作る本気のフルーツサンド

ダカフェ 恵比寿店

時価

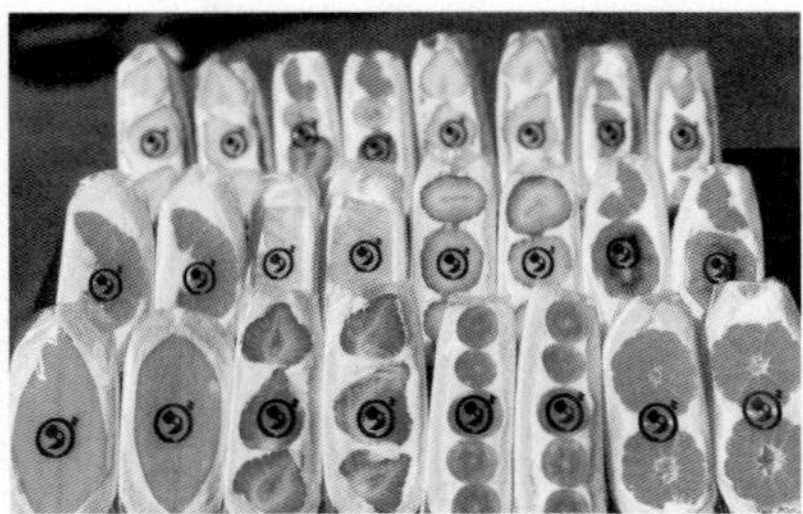

八百屋直営だからこそ
提供できるおいしさ

プロの目利きで選び抜いた上質なフルーツを惜しげもなく詰め込んだ季節のフルーツサンド。八百屋さん直営なので、フルーツのおいしさはお墨付き。（日持ち 当日中）

渋谷区恵比寿南3-11-25
080-7139-6610　6:30〜18:00
無休

予約　お取り寄せ　要冷蔵　イートイン

ヴィーガンで
おいしい手みやげを

ピスタチオとレモンのクグロフ

8ablish

864円（1個）

ヴィーガンやグルテンフリースイーツを提供する「8ablish」が麻布台ヒルズに移転オープン。色鮮やかなグリーンのピスタチオ生地にレモンを混ぜ合わせて焼き上げた、小麦粉不使用のクグロフはコクのあるピスタチオの風味にレモンゼストが爽やかに香る、ギルトフリースイーツ。体に優しいだけでなく、きちんと味もおいしいうえに、見た目もおしゃれなスイーツを、健康に気を配るあの人に贈りたい。

（日持ち　当日中）

予約 ○ お取り寄せ ○ 要冷蔵 ○ イートイン

港区虎ノ門5-8-1 麻布台ヒルズ ガーデンプラザ A 2F
03-6432-0288
9：00〜20：00　無休

094

ヴィーガンタルト専門店の
みんなが楽しめるタルト

フルーツタルト

SO TARTE 表参道店

980円～（1個）

ヴィーガンフルーツサンド専門店「fruits and season」（→P89）による新業態で、牛乳、卵、小麦粉を使用しないヴィーガン対応のタルトを販売。試行錯誤を重ねて作られたタルト生地はグルテンフリーで、使用するフルーツによってクリームを変えるというこだわりよう。旬のフルーツを使ったタルトは常時9種類ほどをラインナップ。1人用のミニサイズはもちろん、ホールもあるのでパーティーにも。（日持ち　当日中）

予約 ○　お取り寄せ ―　要冷蔵 ○　イートイン ―

港区北青山3-10-14 1F　03-6433-5159
10：00～18：00
無休

COLUMN

ぼる塾 田辺智加さんに聞いた
とっておきの手みやげ

気の置けない友達と食べたい心がほっと安らぐお菓子です

スイーツラバーの田辺さんが友人への手みやげに選ぶのが、銀座 菊廼舎の「冨貴寄」。「銀座でバイトをしていた時代に、いつも厳しい先輩が差し入れしてくれたのが出合い。おいしさに感動して、自分でも買いに行くようになりました」。缶の中には和風クッキーや落雁、金平糖、黒糖ピーナッツなど干菓子がぎっしり。「色々な味があって飽きがこないので、食べる手が止まらない。自分が怖いです…」

銀座 菊廼舎
銀座本店の
「冨貴寄 ことほぐ」

一つひとつ職人が手作りし、手作業で缶に詰めている。富士や松竹梅など縁起物がモチーフ。2484円（賞味期限40日）
中央区銀座5-9-17 銀座あづまビル1F　03-3571-4095
9：30～18：00（土・日曜・祝日は～17：30）　水曜休

PROFILE

田辺智加　4人組お笑いグループ、ぼる塾のメンバー。
芸能界きってのスイーツラバーで、著書『ぼる塾田辺のスイーツ天国あんた、食べてみな！』（マガジンハウス）が好評発売中。

SPOT

NO. 095 〜 NO. 160

—— 麻布台ヒルズ

—— 虎ノ門ヒルズ

—— グランスタ東京

—— 大丸東京店

—— GINZA SIX

—— 東武百貨店 池袋本店

—— 伊勢丹 新宿店

—— 渋谷 スクランブル スクエア

手みやげスポットの
イチオシ教えます！

SPOT 1 AZABUDAI

AZABUDAI HILLS

麻布台ヒルズ

2023年秋にオープンした、麻布台の新しいランドマーク。各ビルの低層フロアやガーデンプラザに、フードやファッション、ビューティなど約150の店舗が順次オープンしている。

港区麻布台1-3-1　03-6433-8100
11:00〜20:00（レストラン＆マーケット〜23:00）
無休

095

ラベイユの
はちみつコンフィチュール いちご

日本をはじめ世界各地の高品質なはちみつを扱う専門店「ラベイユ」。甘酸っぱい国産いちごをはちみつで煮込んだ特製コンフィチュールは、はちみつの風味を感じる上品な味わい。パンケーキやヨーグルトにたっぷりかけていただこう。110g 1296円（日持ち 12カ月）Ⓑ

096

ショウダイビオナチュールの
ペタルマニフィーク

見た目の美しさが秀逸なスイーツは、贈り物にぴったり。花びらのように薄く仕上げたヴィーガンチョコレートで、木いちご×バラ、マンゴー×柚子、抹茶×玉露など、6種類のフレーバーがある。人工着色料不使用。120g 6400円（日持ち 4カ月）Ⓑ

097

紅茶専門店ティーポンドの
ティー フォー トゥ（Tea for Two）

クラシカルなパッケージの中には、上質な茶葉を閉じ込めたティーバッグが2つ。フレーバーはアールグレイなど定番のものから、フルーツで香り付けしたものなど、紅茶専門店ならではの品揃え。プチギフトとして重宝する。1個399円〜（日持ち 15カ月）Ⓒ

Ⓐガーデンプラザ A　Ⓑガーデンプラザ B　Ⓒガーデンプラザ C 麻布台ヒルズ マーケット

095

いちごの果肉が詰まった
プレミアムなコンフィチュール

096

花びらのような
オーガニックチョコレート

097

上質な紅茶で
癒やしのティータイムを演出

098

8ablishの

ラブ・ミークッキー

ヴィーガン＆オーガニックフードの人気店「8ablish」のクッキー詰め合わせ。トマトバジル・酒粕・ピーナッツの3種類入り。ボックスや包装紙もあり、健康志向の人へのギフトに最適。26枚入り2916円（日持ち 製造から1カ月）Ⓑ

クッキー缶
グルテンフリー
お酒にも合う塩味

エシレ バターを使用
1人1点まで

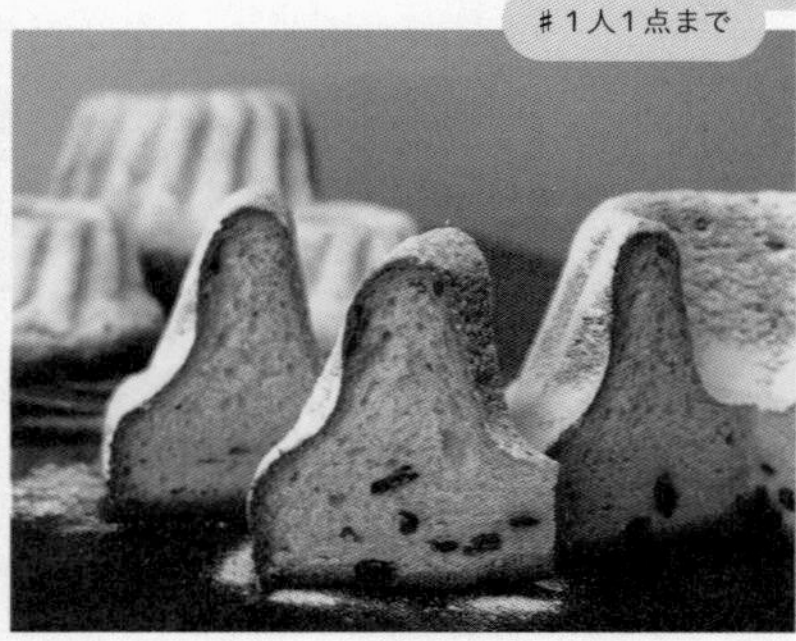

099

エシレ・ラトリエ
デュ ブールの

グラン クグロフ

ブリオッシュ生地にレーズンを加え、焼き上がりにエシレバターをたっぷり染み込ませた焼菓子。シンプルなレシピだからこそバターのおいしさが際立つ。ギフトBOX入りで贈り物に最適。1個3240円（日持ち 製造から4日）Ⓑ

100

タンの

エッセンシャルオイル AW

タイのナチュラルスキンケアブランド「タン」は厳選された植物由来成分を使用している。ブレンドエッセンシャルオイルAWは、柑橘やスパイスの香りにサンダルウッドをプラス。シナモンのポプリに垂らせば上質な香りが広がる。10㎖ポプリ付き3960円 Ⓑ

精油100%
合成香料フリー
インテリアにも◎

101

GIN NO MORIの
森の恵みクッキー プティボワ 麻布台ヒルズ限定缶

オリーブやトリュフ、ジェノベーゼなど、ワインと相性のいい5つの味の木の葉形クッキー。リスの「チェスとナッツ」が、木の葉の中でかくれんぼをしている姿をイメージしたボックスがかわいい。1890円（日持ち 製造から45日）Ⓑ

#麻布台ヒルズ限定
#数量限定！
#お酒と一緒に

#麻布台限定スイーツ
#抹茶チョコ
#お茶と一緒に

102

中村藤吉麻布台の
オチャノタネ [抹茶ピーカン]

ピーカンナッツをお茶の種に見立て、飴でコーティング。たっぷりの抹茶チョコレートをまとわせた小粒なお菓子はお茶請けにぴったり。濃い抹茶の程よい苦みとナッツの香ばしさがベストマッチ。90g1350円（日持ち 製造から1カ月）Ⓑ

103

ラニギロの
BABA

独創的なデザートコースを楽しめる「ラニギロ」のテイクアウト商品。ひと口サイズのイタリアの焼菓子・ババを、みりん、カシスリキュール、レモングラスなどをベースにしたシロップに漬込んでいる。1本2300円（日持ち 2週間）Ⓒ

#瓶入りスイーツ
#フレーバーは3種類
#大人のおやつに

Ⓐ ガーデンプラザA Ⓑ ガーデンプラザB Ⓒ ガーデンプラザ C 麻布台ヒルズ マーケット

SPOT 2 TORANOMON

TORANOMON HILLS

虎ノ門ヒルズ

駅直結のステーションタワーや超高層複合ビルのビジネスタワーに話題のショップが集結する。2023年10月にステーションタワーに誕生した、物販・飲食27店が集まるT-MARKETに注目して。

港区虎ノ門1-17（ビジネスタワー）、
港区虎ノ門2-6-1（ステーションタワー）03-6406-6192
11：00〜21：00（店舗により異なる）　無休

104

ovgo Baker BBBの
トラのもん あんこ（クッキー）

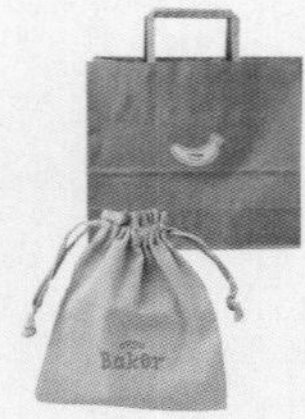

プラントベースのベイクショップ「ovgo Baker」が作る焼菓子の店。注目してほしいのは、しっとり食感のオリジナルクッキー。あんこ入りで、どら焼きのような和テイストがおもしろい。虎ノ門ヒルズ限定のトラのもんパッケージ。

1枚450円（日持ち 14日）Ⓐ

105

パティスリー パブロフの
フリュイドール

8種類の異なるパウンドケーキに、それぞれの生地に合わせたドライフルーツをちりばめている。ピスタチオアプリコ、ショコラクランベリー、ココナッツマンゴーなど、どれも新鮮かつ絶妙な組み合わせ。宝石箱をイメージしている。

8個入り2322円（日持ち 常温で2週間）Ⓑ

106

AM STRAM GRAMの
ピーナッツバタークリームのタルト

人気タルト専門店の虎ノ門ヒルズ限定品。ピーナッツを練り込んだタルト生地の上に、ほのかに塩気を感じるピーナッツバタークリームがたっぷり。トップにピーナッツバタークッキーがトッピングされている。

1個630円（日持ち 当日中 ※要冷蔵）Ⓐ

Ⓐステーションタワー T-MARKET　Ⓑビジネスタワー

104
限定パッケージがかわいい
しっとり食感のクッキー

105
デコレーションが素敵な
パウンドケーキ

106
クリームたっぷりの
“口福”なタルト

107

#ミシュラン一つ星シェフ
#和洋折衷のスイーツ

赤坂おぎ乃 和甘の
生どらやき あずきマスカルポーネ

店頭で1枚1枚手焼きするどら焼きの生地に、北海道産あずきとマスカルポーネのクリームをサンド。ふわふわでもっちりとした生地に、粒あんとクリームが相性バッチリ。

1個490円（日持ち 当日中）Ⓐ

⇦コレもおすすめ

生どらやき あずき生クリーム

たっぷりの生クリームとあずきは甘さ控えめで上品な味。1個490円

108

#パリで生まれたチョコレート
#ナッツの食感も味わえる
#リッチな甘さ

ラ・メゾン・デュ・ショコラの
プラリネ

10年にわたる研究によって開発されたチョコレート。ローストして細かく砕いたアーモンドやヘーゼルナッツ入りなど様々な味を楽しめる。チョコレートはダークとミルクの2種類。10粒入り4914円（日持ち 10日以上）Ⓑ

109

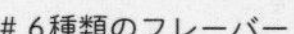

#6種類のフレーバー
#発酵バターのクリーム

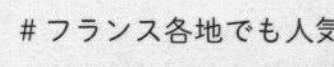

#フランス各地でも人気

beillevaireの
サンド・オ・ブール

フランス発の発酵バターサンド。ミルクティー、ミモレット、ピスタチオ・クランベリー、プラリネナッツ、ラムレーズン、ショコラの人気フレーバーの詰め合わせ。6個入り3240円（日持ち製造から1カ月）Ⓑ

カラフルな個包装パッケージもかわいい

#一口サイズ最中
#カラフルでかわいい
#4種の餡を食べ比べ

110

京菓匠 鶴屋吉信の IROMONAKA個包装

和の色名を付けたカラフルな皮で挟んだ、一口サイズの最中。馬路大納言小豆を使った小倉や、あっさりとした甘さのこしあん、抹茶、季節のあんを加えた4種類の餡を味わえる。1個237円〜(日持ち25日) Ⓑ

#しっとりしたパンケーキ
#お米で作られたヘルシープリン
#かわいいサイズ

111

HONMIDOの みたらしパンケーキ

ライスミルクのプリンに甘じょっぱいみたらしソースを入れ、ふわふわのパンケーキでサンドしたスイーツ。シュワーっと口の中で溶けるプリンと、トロッとしたソース食感が楽しい。6個入り1380円（日持ち 約10日）Ⓑ

#花のある生活
#ファッションを楽しむように
#ワンポイントがかわいい

112

ALL GOOD FLOWERSの ALL GOOD SOX

花をデイリーに楽しむことをコンセプトにしたセレクトショップ。厚手で履き心地のよい生地に、可愛らしい花のイラストをあしらったオリジナル靴下。日常に取り入れやすいアパレルや雑貨も豊富。1足1430円 Ⓐ

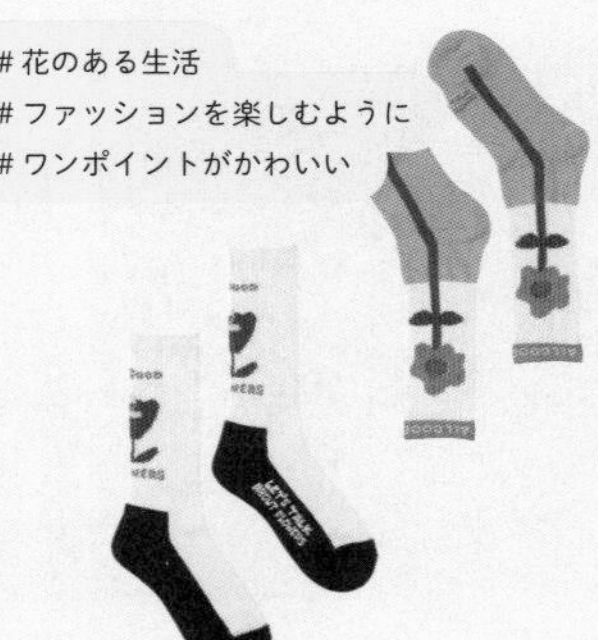

Ⓐ ステーションタワー T-MARKET　Ⓑ ビジネスタワー

SPOT 3 TOKYOSTA.

GRANSTA TOKYO

グランスタ東京

丸の内と八重洲を結び、180を超える店舗が集うエキナカ商業施設。老舗菓子店や話題のブランドなど、ここでしか買えない"新東京みやげ"を販売。喜ばれること間違いなしの最旬アイテムを見つけよう。

千代田区丸の内1-9-1 JR 東日本東京駅構内(改札内)B1・1F
050-3354-0710　8:00〜22:00、
日曜・祝日は〜21:00(店舗により異なる)　無休

113

あまみカオリ研究所の「MAN-MARU」セット

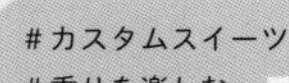

バニラクリームとスポンジ、いちごジュレを薄いホワイトチョコで包んだベースに、いちごとピスタチオのフレーバーをのせて。ケーキのベースやトッピング、ティーの"かけ合わせ"を楽しもう。1850円(日持ち 当日中)Ⓐ

⇩コレもおすすめ

「MOKO-MOKO」セット

なめらかなチョコクリームとサクッとしたチョコクッキー。1個2100円

114

和卵菓らららの東京生カステラサンド

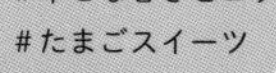

日本一に認定された「磨宝卵ゴールド」を使った和菓子店。東京生カステラは、ブランド卵・磨宝卵ゴールドのカステラに、和三盆クリームと自家製羽二重餅をサンドした、しっとりした口当たり。
1個1800円(日持ち 翌日※要冷蔵)Ⓐ

⇦コレもおすすめ

たま月東京缶

(季節により缶のデザインが異なる)2300円

118

MAISON CACAOの
生ガトーショコラ

濃厚なチョコレートそのもののおいしさを味わえるよう、小麦粉不使用でチョコレート、バター、卵のみで作る数量限定のスイーツ。1本3240円（日持ち 製造から冷蔵で10日）Ⓔ

119

きりのさか by Chuoken Senbeiの
いねの音色

もち米の味と心地いい食感を楽しむおかき。しょうゆやざらめ、金ごま、のり巻き、ゆず七味、さくら海老の6種類の味のバラエティあり。20個入り2160円（日持ち 製造から4カ月）Ⓐ

120

SOBAPの
ソバープ（そば粉のクレープ）

手のひらサイズのそば粉を使った「ソバープ」。カスタードクリームなどのスイーツ系や、タンドリーチキンなどお食事系の最大18種類。しそベりーレアチーズ390円（日持ち 当日中）Ⓒ

115

COCORISの
サンドクッキー ヘーゼルナッツと木苺

ヘーゼルナッツココアペーストと木苺ペーストのそれぞれをサンドして、ベルギー産チョコでコーティング。6個入り1560円（日持ち 製造から2カ月）Ⓑ

116

HANAGATAYAの
花形土産

日本各地の名品を揃える食のセレクトショップ。お塩バウム1450円は伊豆大島の塩を使用した香り豊かなバウムクーヘン。日本橋かつぶし煎餅は864円「にんべん」の鰹節が香る。Ⓑ

117

GIN NO MORIの
プティフィナンシェ 森の香り

熊笹や赤松など森の食材を使って焼き上げたフィナンシェ詰め合わせ。森の香りを楽しめるフレーバーは、ティータイムにも。9個入り1512円、18個入り2808円（日持ち 製造から20日）Ⓓ

SPOT 4 TOKYOSTA.

DAIMARU TOKYOTEN

大丸東京店

東京駅で行列が途切れない人気みやげを買うならここ。東京初上陸のショップも多いので、ニューオープンの話題店をチェックするのも忘れないで。並んででも買いたいモノが見つかるはず。

千代田区丸の内1-9-1　03-3212-8011
10：00～20：00（12Fは11：00～22：00、13Fは～23：00）※一部店舗により異なる　無休

121

パイラフールの
スイート・ストーリー・ブック

サブレミシェルの姉妹ブランドのパイ専門店。物語に登場するモチーフをかたどったパイは、バター、フランボワーズ、ピスタチオ、ショコラの4つの味。絵本風の10種類のパッケージも魅力。5個入り1382円（日持ち 製造から2カ月）

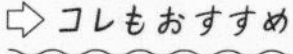

サンド・オ・リュパン

フランボワーズのパイにバニラクリームをサンド。2個入り896円、4個入り1890円

#かわいいモチーフ
#絵本風BOX
#パイ専門店

#紅茶のカヌレ
#スリランカ産紅茶を使用
#常設は大丸東京店限定

T.D.Early Tea Loungeの
カヌレ・ド・グレイ

朝の静かなティータイム「アーリーティー」にちなみ、朝を優雅に過ごせるお菓子を取り扱う。ロイヤルミルクティー仕立てのアールグレイをカヌレに。遠き昔にグレイ伯爵が思いをはせた味を再現。1個432円（日持ち 購入日含めて4日）

123

ベイクドマロウの

焼マシュマロサンド・ピスタチオチョコブラウニー

マシュマロのふわふわ食感と、とろけるチョコレートが新感覚。ピスタチオをたっぷりと使い、食感も楽しい。5個入り1474円（日持ち 製造から1カ月）

124

MESSAGE de ROSE BY KARENDOの

ペタル・レインボー

形・曲線・厚みなどにこだわり、バラの花びらをチョコレートで表現。1枚ずつ手作りし、7つのフレーバーがある。3132円（日持ち 製造から3カ月）

125

鎌倉紅谷の

クルミッ子

1954年、鎌倉の鶴岡八幡宮前に創業。1番人気のクルミッ子は、自家製キャラメルにクルミをぎっしり詰め込みバター生地で挟んで焼き上げたお菓子。5個入り810円（日持ち 製造から70日）

126

N.Y.C.SANDの

N.Y.キャラメルサンド

大丸東京店がN.Y.C.SANDの常設1号店。バターが香ばしいクッキーで挟んだ、とろとろキャラメルとクーベルチュールチョコレートが口の中でとろける。8個入り1296円（日持ち 製造から29日）

127

ガレット オ ブールの

ガレット オ ブール カリテ エキストラ

フランス産の発酵バターを使用した厚焼きタイプのサブレは、しっかりと感じられるバターの香りと味わいが魅力。6個入り1296円（日持ち 製造から3カ月）

128

浅草満願堂の

芋きん

上質なさつまいもを使用した浅草名物。大丸東京店でも熟練の職人が店頭で1つ1つ手焼きしており、素朴な下町の味わいを楽しめる。6個入り906円（日持ち 常温で24時間）

SPOT 5 GINZA

GINZA SIX

GINZA SIX

銀座エリア最大級の複合商業施設。古きよき食文化とトレンドがミックスされた、ハイブリッドなみやげが揃う。銀座ならではのリッチなご褒美みやげがこちら。

中央区銀座 6-10-1　03-6891-3390
10：30〜20：30（レストランは11：00〜23：00）
無休

129

T's GALLERYの KIMOCHI

レモン、イチジク、抹茶、紅茶、ほうじ茶、オレンジの6種ある、しっとり食感のパウンドケーキ。上品に香るフレーバーが贈り物にぴったり。コスメのようなやわらかい印象のパッケージもかわいい。6個入り4200円（日持ち 製造から40日）

#お茶やフルーツのフレーバー
#食べやすいサイズ
#しっとりしたパウンドケーキ

#種類は7つ
#見た目も美しい
#プリンも絶品

130

自由が丘 蔭山樓の 杏仁豆腐ライチ

スミレのリキュールとライチ果汁を加えたゼリーや、優雅な香りの杏仁豆腐を重ねた、レイヤーが美しいカップスイーツ。楊貴妃が好んで食べたというライチは、美容効果が高いと言われている。

1個842円（日持ち 当日中）

131

Tea Forteの
ティーギフト「RUBY」

MoMA出身のデザイナーが創設したプレミアムティーブランド。ハイビスカスなど香り高い花々やチョコレートなど、フレーバーは多彩。5個入り2948円（日持ち 3年）

132

10 FACTORYの
みかんジュース＋みかんゼリーセット

3品種のジュースと2品種のゼリーで、みかんの味比べができるセットはボックス入りでギフトに最適。3本＆ゼリー2個3070円（日持ち 製造から6カ月）

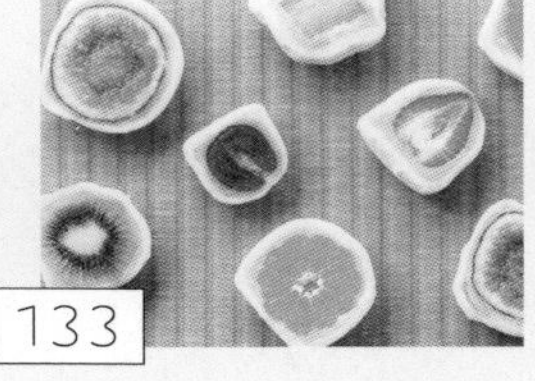

133

フルーツ大福 弁才天の
フルーツ大福

市場から直送された旬の果物を、甘さ控えめの白あんと上品な求肥で手包みした和スイーツ。冬〜春はいちご、夏〜秋はシャインマスカットなど。4個入りBOX 3500円〜（日持ち 当日中）

134

AROMA TRUFFLEの
アロマ ブラックサマートリュフチップス

シンガポール発、イタリア産最高級黒トリュフと上質なオリーブオイルを使ったトリュフチップス。2袋ギフトセット4650円（日持ち 1年）

135

GINZA 芭蕉堂の
元祖わらび餅 丹波黒豆きな粉

銅釜で直火で炊き上げたわらび餅は、強いコシとなめらかな口溶けを楽しめる。きな粉は丹波黒豆を使用。各セット1箱1620円（日持ち 製造から5カ月）
※黒蜜は別売り1袋200円

136

麻布野菜菓子の
野菜のフィナンシェ

「野菜で作ったちょっとだけ贅沢なお菓子」がコンセプト。トマトやほうれん草など素材の色を生かし、北海道産バターと野菜を練り込んでいる。6個入り1975円（日持ち 製造から2カ月）

SPOT 6 IKEBUKURO

TOBUHYAKKATEN IKEBUKUROHONTEN

東武百貨店 池袋本店

都内最大級の売り場面積を誇る東武百貨店 池袋本店。2フロアからなるデパ地下には、定番から限定まで多種多様なアイテムが並ぶ。8階の催事場では物産展が頻繁に開催されているので要チェック。

豊島区西池袋1-1-25　0570-086-102
10：00〜20：00（4〜8階は〜19：00）
不定休

137

クラブハリエの バームクーヘンmini

昔ながらの製法で一層ずつ丁寧に焼き上げるバームクーヘン。手のひらサイズのバームクーヘンminiは、手軽に食べられて、贈り物にもいい。池袋らしいモチーフのパッケージは池袋東武店限定。2個入り1059円、4個入り1944円（賞味期限7日）

#手のひらサイズ
#しっとりふわふわ
#池袋東武店限定

#キューブラスク
#デコレーションに注目
#幸せな気持ちになる！

138

カフェ オウザンの キューブラスク プティボヌール

フランス語で“小さな幸せ”を意味するプティボヌール。12種類のデコレーションされたラスクは、ミルク、ホワイト、ストロベリー、コーヒー、キャラメル、抹茶の6種あり、まるでジュエリーのようなかわいさ。12個入り2916円（賞味期限 製造から60日）

139

グラニースミスの
焦がしキャラメル アップルパイ

キャラメルアーモンドクリームとジューシーなりんごを重ねて焼き上げ、こだわりの焦がしキャラメルソースをたっぷりかけた池袋東武店限定品。1カット600円（消費期限 翌日中※要冷蔵）

140

菓匠 花見の
白鷺宝（はくろほう）

白鷺の卵をかたどり、黄身あんをミルクでコーティングした埼玉県の銘菓。ひと口サイズで、お茶をはじめコーヒーとの相性も抜群。1個108円（賞味期限 製造から1週間）

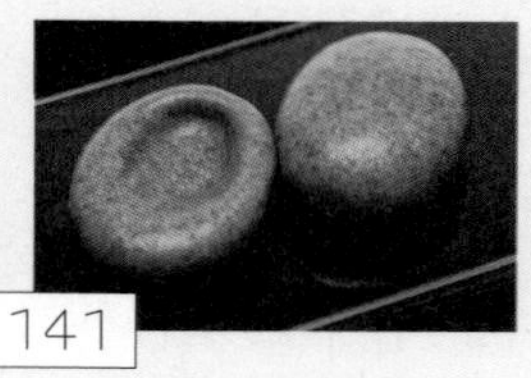

141

志”満ん草餅の
志”満ん草餅（じまんくさもち）

明治2(1869)年の創業以来、香り高い生のよもぎだけを使用し、風味を生かした草餅を提供。数量限定。7個入り1426円（消費期限 当日中）※販売日：毎週火・金曜 ※販売場所：全国銘菓撰

142

ビスキュイテリエ ブルトンヌの
ガレット・ブルトンヌ アソート

発酵バターの風味豊かな厚焼きクッキー「ガレット・ブルトンヌ」、焦がしバターがコク深いフィナンシェ、レモンが香るマドレーヌの詰め合わせ。9個入り2376円（賞味期限 製造から42日）

143

ハワイアンスイーツカンパニーの
マラサダドーナツ

ハワイの伝統的スイーツのマラサダ専門店。ハワイ州産やハワイ島の素材などを使ったオリジナルフレーバー6種と、日替わりフレーバー2種がある。1個391円（消費期限 当日中）

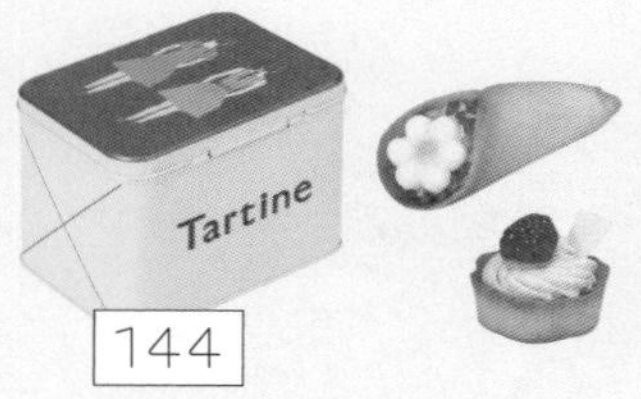

144

タルティンの
タルティン 四角缶（小）

定番商品のタルティン(ストロベリー)と、季節で変わる人気のブーケ菓子を詰め合わせた、タルティンで人気の四角缶。小1988円（賞味期限 製造から45日）※内容・価格は季節により異なる

SPOT 7 SHINJUKU

ISETAN SHINJUKUTEN

伊勢丹新宿店

国内外の老舗・最新のフードやスイーツなど、話題のアイテムがなんでも揃うので、見て歩くだけでも楽しさ満載！ ココでしか手に入らない限定品の情報は、要チェック。

新宿区新宿3-14-1　03-3352-1111
10：00～20：00（レストラン街は11：00～22：00）
不定休

145

匠の焼き菓子 CONGALI 文明堂の こぐま焼き

文明堂のCMキャラクターのこぐまが人形焼きに。やわらかいカステラ生地の中には、皮をむいて口当たりをなめらかにしたあずきあんを包んでいる。数量限定で、"3時のおやつ"の時間から販売される。1個216円（日持ち当日中）

#あのCMの！
#レトロな見た目
#おやつにぴったり

146

たねやの たねや生福どらやき

創業明治5年の老舗の和菓子店。職人が、店舗に併設された工房で注文を受けてから目の前で仕上げをしてくれる。ふんわり焼き上げたどらやき生地に、粒あんと餅、生クリームをサンド。伊勢丹新宿店の店頭のみ販売。1個432円（日持ち 当日中）

#生どらやきはココだけ
#目の前で仕上げる
#作りたてのおいしさ

コレもおすすめ

たねや福どらやき

粒あんとふくよかなお餅を、生地に挟んだどらやき。1個260円（日持ち 製造から1週間）

150

Fikaの
ドロンマル（プレーン）

小さなメロンパンのような形で、ガリッとした食感を楽しめるシンプルなクッキー。北欧デザインのカラフルなボックスも魅力。14枚入り1080円（日持ち 製造から2カ月）

147

パレスホテル東京スイーツブティックの
フール セック マクミラン

芳醇な塩バターとビターなメープル味を楽しむ2種のクッキー。伊勢丹の象徴でもあるマクミラン柄をプリントした限定缶がおしゃれ。24枚入り3240円（日持ち 製造から1カ月）

151

みみずく洋菓子店の
マ・タルト・ファヴォリット

いちじくとクルミを練り込んだキャラメルフィリングをのせて焼いた、手の平サイズのタルト。ラム酒を効かせた大人のスイーツ。6個入り2160円（日持ち 製造から90日）

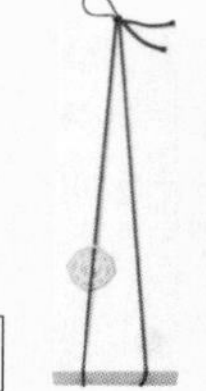

148

円果天の
円果天月餅

薄皮生地で餡を包みしっとり焼き上げた月餅。中華風小豆餡、木の実餡、黒胡麻餡、黒糖くるみ餡、赤蓮の実餡、白蓮の実餡の6種。12個入り4212円(日持ち 製造から2週間)

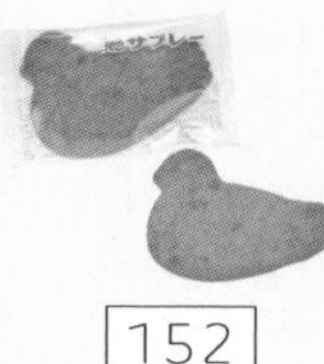

152

鎌倉 豊島屋の
鳩サブレー 伊勢丹新宿店限定缶

素朴な味わいの鎌倉銘菓が、伊勢丹新宿店限定缶に。新宿で買い物を楽しむ“鳩人”のイラストが。25枚入り3867円（日持ち 製造から50日）

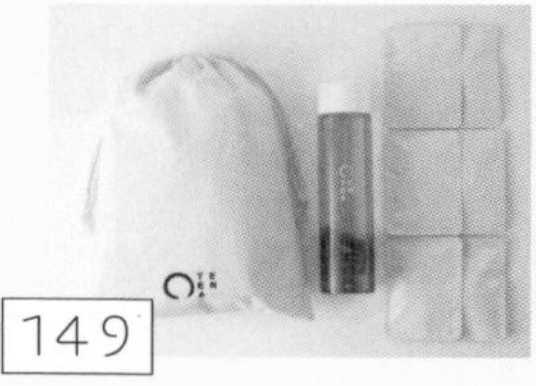

149

EN TEAの
テイスティングセット 水出し緑茶

30秒振るだけで抽出できる水出し緑茶のティーバッグが3種類入っている。ボトル、巾着付きなのでプレゼントにもおすすめ。6袋入り3520円（日持ち 製造から1年）

SPOT 8 SHIBUYA

SHIBUYA SCRAMBLE SQUARE
渋谷スクランブルスクエア

渋谷駅直結・直上のランドマークのひとつ。地上229mの大規模複合施設の地下2階〜1階に食料品やスイーツが集まる。流行の移り変わりも早い渋谷で、見逃せないトレンドみやげをゲットしよう！

渋谷区渋谷2-24-12　03-4221-4280
10：00〜21：00（店舗により異なる）
無休

153

堀内果実園の
百年柿 嘉来

「堀内果実園」は明治36(1903)年に開墾した奈良・吉野の果樹農園。樹齢100年を超える木の、1本の枝に1つの実だけを残して育てた特別な柿が"あんぽ柿"。とろりとした食感と濃厚な甘みに、やみつきになる人が続出。3個入り3240円（日持ち 製造から3週間）

#果実園が作るスイーツ
#奈良県産フルーツ
#栄養満点

154

ハチふる
SHIBUYA meets AKITAの
HACHEESE
5種アソート（スリーブ付き）

「忠犬ハチ公」のふるさと・秋田の魅力を発信するコンセプトショップ。いぶりがっこフィナンシェや、紅茶＆米粉のパンドジェーヌなど、秋田の原材料にこだわったスイーツセットは要チェック。5個入り2700円（日持ち製造から2カ月）

#ハチ公アイテム
#買い物で秋田犬をサポート
#秋田のおすすめ

158

FRUCTUSの

フレッシュ モンブラン

熊本県阿蘇産の渋皮栗と、甘み控えめの生クリームを合わせた栗ペーストが主役のモンブラン。栗の食感を残しており、栗本来の風味を感じさせる。1個800円（日持ち 当日中）

159

カタヌキヤの

渋谷のしぶハチバウム

お座りした姿のハチ公がキュートなメープル風味の型抜きバウム。箱にはバンダナの色と表情が違う5種類のしぶハチがランダムで入っている。1個594円（日持ち 製造から63日）

160

アップル&ローゼスの

パウンドケーキ&クッキーアソート

信州産りんごのパウンドケーキとクッキーの詰め合わせ。芳醇なバターと甘酸っぱいりんごの組み合わせが◎。8個入り3300円（日持ち 製造から1カ月）

155

Now on Cheese♪の

ナウオンチーズ クラシックチーズアソート

薫りと塩味があるスモークチーズ&カマンベールと、チーズのコクを味わうカラメル&ゴルゴンゾーラの2種類。18枚入り1944円（日持ち 製造から8カ月）

156

丸山珈琲の

コーヒーバッグ アソート 5種セット

良質なコーヒー豆を使ったポップなデザインのコーヒーバッグ。店舗限定ブレンドやナッツ、シトラスなど5種。5袋入り1310円（日持ち 製造から1年）

157

バターパイダマンド バターバトラーの

バターパイダマンド

素材にこだわったジューシーなアップルダマンドを、バター香る特製のパイのダマンドで包んだスイーツ。りんごの爽やかな酸味が、バターの香りを引き立てる。1個400円（日持ち 2日）

COLUMN

和文化研究家 三浦康子先生に聞いた

季節の手みやげ

目上の方への贈り物やかしこまった場面でも重宝します

日本では季節を先取りするのが粋とされています。ひと足先に季節を届けるつもりで選ぶと、お相手との会話も弾むでしょう。春は華やかな行事が多い季節。桜にちなんだお菓子は数え切れません。夏は暑さに配慮することが大切です。涼しげで風流な見た目のものを選んで。秋は風物詩にまつわる品を。菊やきせ錦、萩、雁などがキーワードです。12月は一年の感謝を表すもの、1月はめでたさに満ちたもの。喜ぶ顔を想像しながら選びましょう。

春 3〜5月

向島 長命寺桜もちの「桜もち」

250円（1個）通年販売

塩漬けにしたオオシマザクラの葉で包んだ桜もち。
向島 長命寺桜もち
03-3622-3266

秋 9〜11月

たねやの「栗名月」

972円（5個入り）
毎年十三夜にのみ販売
※価格は変更の可能性あり

時雨生地で黄身あんを包み、蜜づけの栗をのせた和菓子。
たねや伊勢丹新宿店
03-3352-1111

夏 6〜8月

とらやの「水無月」

270円（1個）
6月25〜30日限定 数量限定

穢れを祓い清める神事「夏越の祓」にちなんだ和菓子。
TORAYA TOKYO
03-5220-2345

冬 12〜2月

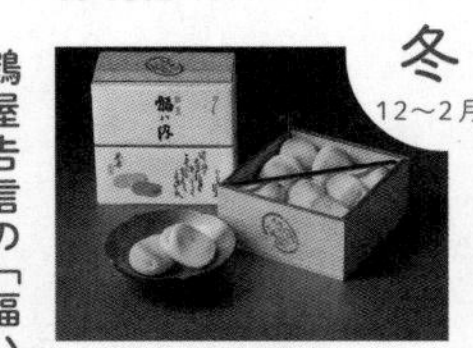

鶴屋吉信の「福ハ内」

3564円（13個入り）
12月中旬〜2月初旬限定

秋田杉の木箱にお多福豆の形の焼き菓子が入った縁起菓。
鶴屋吉信 TOKYO MISE
03-3243-0551

PROFILE

三浦康子　和文化研究家。All About「暮らしの歳時記」ガイドをはじめ、テレビ、ラジオ、新聞、雑誌、Webなどで活躍する。
『季節を愉しむ366日』（朝日新聞出版）など監修書・著書も多数。

ホーム
パーティー

パン

ごはん系

シャルキュトリ
&チーズ

ご当地

各国料理

瓶&缶詰

スパイス
&調味料

ドリンク

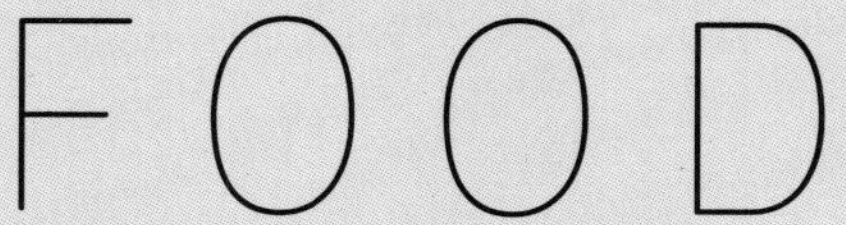

NO. 161 〜 NO. 233

あの人に食べてほしい
話が弾むおいしいものたち

THE BEST SELECTION 300

TOKYO GIFT CATALOGUE

161
熟成過程も楽しめる
イタリア生まれの伝統菓子

161

パネットーネ

RIVA chocolatier（LESS）

4400円（1個）

イタリア人と日本人のシェフが営む、恵比寿の裏路地に佇むパティスリー。この店のスペシャリテが、イタリアのクリスマスに欠かせない伝統菓子「パネットーネ」だ。小麦粉、卵、砂糖、バターからできた生地を、パネットーネ種という天然酵母で発酵させたもので、シェフのガブリエーレさんの生家で50年以上受け継がれるパネットーネ種を使用している。あられ糖をまとった外側の生地はサクサク、カリッとした食感。中の生地はふんわりしていて、口の中で溶けてゆく。パネットーネ作りには高度な知識と経験を必要とするというが、この店のものは日本ではなかなかお目にかかれないほどの絶品。しかも、パネットーネは日を追うごとに熟成が進んで味わいが変わるので、購入直後の軽やかな口当たりから、味に深みが出てしっとりした熟成状態まで変化があるのも楽しい。最もおすすめなのは、オレンジやレモンのほか、柚子など季節の柑橘を使用した「アグルミパネットーネ」。通年購入でき、パーティーでシェアできる大きめサイズがうれしい。

（日持ち　約3週間）

✓予約　✓お取り寄せ　✓要冷蔵　○イートイン

目黒区三田 1-12-24 MT3ビル 1F
03-6303-2688　11：00〜19：00
水曜休

163
サクサク生地が
うれしい
エッグタルト
162
シャルキュトリの
概念が変わる
やみつきになるおいしさ

162

自家製ベリーハム＆コンビーフのセット

千駄木腰塚

4220円

国産牛の仲卸も行う千駄木の老舗精肉店「腰塚」で、不動の人気を誇るベリーハムとコンビーフのセット。豚バラ肉を丸め軽く燻製したベリーハムは、しっとりとした食感でジューシーな豚肉の甘みを感じられる。名物のコンビーフは、職人の手で丁寧にほぐされ、繊維の一つひとつが太く長いためコクを味わえる。上質な牛脂はほんのりと甘く、口の中でスッと溶けてしまう。

（日持ち　ベリーハム25日、コンビーフ1カ月）

✓予約　✓お取り寄せ　✓要冷蔵　○イートイン

文京区千駄木3-43-11
03-3823-0202
10:00〜19:00　水曜休

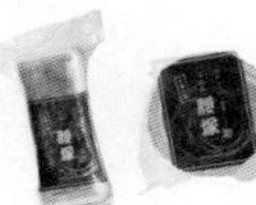

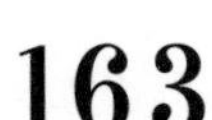

163

パステル・デ・ナタ

ナタ・デ・クリスチアノ

1880円（6個入り）

ポルトガル菓子を専門に扱う「ナタ・デ・クリスチアノ」は、休日には店の前に列ができるほどの人気店。多くの客が目当てにする看板商品のパステル・デ・ナタは、本場の味わいが自慢のエッグタルトだ。とろりとなめらか＆濃厚な玉子クリーム。サクサクのパイ生地の食感とあいまって、ついつい手が出てしまうおいしさ。常温でも十分おいしいが、トースターで少し温めるのがおすすめ。

（日持ち　製造日から冷凍で1カ月）

✓予約　✓お取り寄せ　○要冷蔵　○イートイン

渋谷区富ヶ谷1-14-16 スタンフォードコート103
03-6804-9723
10:00〜19:30　無休

厳選素材＆こだわり製法の
“ギフトになる珍味”

王様の週末セット

ホタルノヒカリ

3780円

珍味&おつまみギフト専門店「ホタルノヒカリ」の商品は、ポップなパッケージと本格的な味わいが特徴で、男女問わず喜ばれそうなアイテムが充実している。「王様の週末セット」は、魚醤に漬け込み丸ごと干し上げたほたるいかや、サクッとした食感のぎんなんスナックなど、珍味5種類のセット。小分けになっているので、お酒好きな人はもちろん、そうでない人も、スナック感覚で楽しめそう。

（日持ち　製造から2週間以上）

Ⓥ予約　Ⓥお取り寄せ　◯要冷蔵　◯イートイン

港区虎ノ門2-5-5 ニュー 虎ノ門ビル1F
03-6205-7877
営業時間・定休日はSNSで確認

165

(2)

(1)

ホームパーティーに
イタリアグルメをプラス

ブッラータ&EXVオリーブオイル

イータリー銀座店

(1)カワバチーズ・ブッラータ1880円(1個)、(2)トゥルッロ エクストラ ヴァージン オリーブオイル4200円(250㎖)

料理好きの人に贈りたいのが、ハイクオリティなイタリア食材。ブッラータは南イタリア・プーリア州発祥のチーズで、イータリーのチーズ部門の責任者を務めたジョリート氏が監修した、群馬県川場村生まれのカワバチーズがおすすめ。同じくプーリア州生まれのEXVオリーブオイルとともに楽しんでほしい。

(日持ち (1)冷蔵で2週間、(2)1年)

○予約 ⓥお取り寄せ ⓥ要冷蔵 ⓥイートイン

中央区銀座6-10-1 GINZA SIX 6F
03-6280-6581
10:30〜22:30、レストランはLO21:00　無休

166

自然と会話が弾む
6種類の味比べおかき

Kumitte

中央軒煎餅 渋谷東急フードショー店

1728円（36個入り）

みんなで気軽に手を伸ばせるひと口サイズのおかきは、大人数での集まりにベストなアイテム。だし海苔巻や桜えびレモン、4種のチーズ、トマトペッパーなど、素材と素材の組み合わせの妙を楽しめるフレーバーが6種類詰め合わせになっている。個包装になっているので、お世話になっている仕事相手のオフィスに、手みやげとして持って行くのにも最適。日持ちがいいのも高ポイント。

（日持ち　4カ月）

○予約 お取り寄せ ○要冷蔵 ○イートイン

渋谷区道玄坂1-12-1 渋谷マークシティ1F
03-3477-4686
10:00〜21:00　定休日は施設に準ずる

167

ホームパーティー

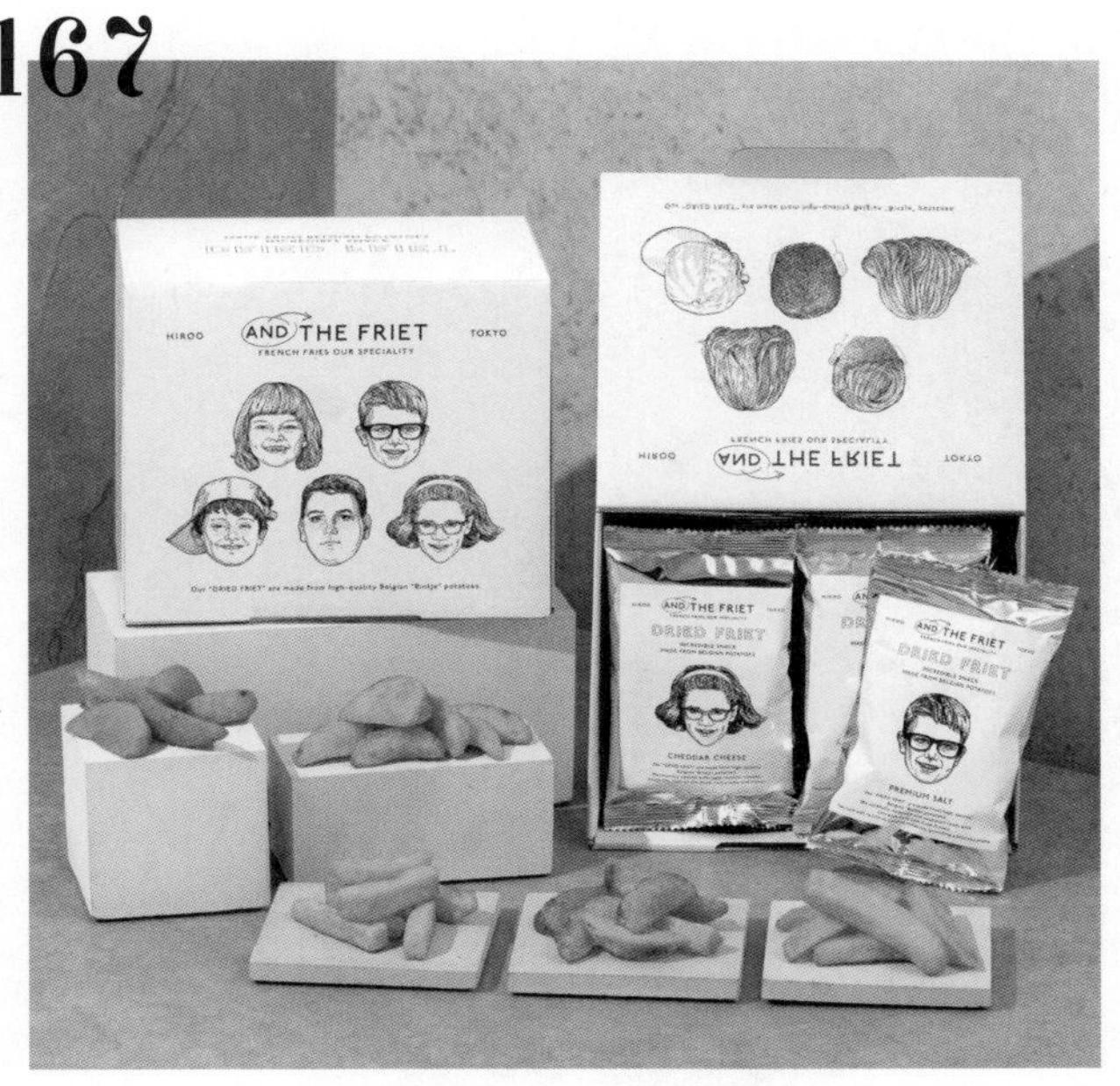

新感覚なドライフリットを
お酒のお供にいかが？

GIFT BOX MINI 10PACKS

AND THE FRIET

2700円

「ドライフリット」は、東京・広尾のフレンチフライ専門店が開発したプレミアムなスナック。世界各国から取り寄せたフレンチフライの素材をそのまま加工し、特殊なフライヤーでゆっくり時間をかけてサクサクな食感に仕上げている。王道のプレミアムソルト、チェダーチーズ、ダブルトリュフソルトなど、人気フレーバー5種類の個包装タイプの詰め合わせは、お酒好きの集まりにぴったり。

（日持ち　製造から8カ月）

○予約　☑お取り寄せ　○要冷蔵　○イートイン

墨田区押上1-1-2 東京スカイツリータウン・東京ソラマチ2F タワーヤード5番地 フードマルシェ　080-3492-0241
10:00〜21:00　定休日は施設に準ずる

リピーター続出の人気ベーカリーへ

168

169

170

168

アサマ山食パン

Pain des Philosophes

690円（2斤）

神楽坂の住宅街にある「Pain des Philosophes」は、パンによって酵母や小麦粉を使い分けるこだわりのベーカリー。長時間発酵させ、専用の木型で焼き上げる「アサマ山食パン」は、シェフの榎本さんが軽井沢で職人をしていた頃に考案したというパン・ド・ミ。群馬県産小麦を使用し、究極のもっちり&しっとり感を実現している。何もつけなくても十分な甘みがあり、美味。（日持ち　当日中）

○予約　○お取り寄せ　○要冷蔵　○イートイン

新宿区東五軒町1-8　03-6874-5808
10：00〜19：00（売り切れ次第閉店）
月曜休

169

ルヴィニュロン ルージュ

Pain des Philosophes

750円（1／4個）

「ル・ヴィニュロン・ルージュ」はオーガニックワインを使った丸形パン。スパイス香のあるシラー種の赤ワインとレーズン酵母を用いた豊かな味わいの生地に、レーズン、ドライいちじく、くるみ、ピーカンナッツを練り込んでいる。しっかりとした風味があり、ジビエ料理などと好相性。直径20㎝の大きなパンはパーティのテーブルに彩りを添えてくれることうけあい。1／2、1／4にカットすることもできる。（日持ち　4日）

○予約　○お取り寄せ　○要冷蔵　○イートイン

新宿区東五軒町1-8　03-6874-5808
10：00〜19：00（売り切れ次第閉店）
月曜休

170

アルファバゲット

Pain des Philosophes

280円（1本）

「Pain des Philosophes」を訪れたなら、必ず選んでほしいのがこのバゲット。湯だね法という熟成法で作られており、水分量が多いのが特徴。内側はもっちりしていて、しっとりぷるぷる！甘みと旨味がしっかりとしていて、通常のバゲットとは一線を画したおいしさに驚くはず。「Pain des Philosophes」には、小麦粉や製法の異なる4種類のバゲットがあるので、ぜひ味の違いを楽しんでみて。（日持ち　当日中）

○予約　○お取り寄せ　○要冷蔵　○イートイン

新宿区東五軒町1-8　03-6874-5808
10：00〜19：00（売り切れ次第閉店）
月曜休

171

惣菜系が狙い目の
絶品デニッシュ

デニッシュ
Laekker

(1)ゴボウのスパイス風440円
(2)和栗の焼きモンブラン640円
(3)あんバターデニッシュ420円

Laekkerは代官山の裏路地にある小さなデニッシュ専門店。パティシエ出身の小出さんが作るデニッシュは、バターの豊かな風味とザクザクの食感がたまらない絶品。週替わりで登場するサレ（惣菜系デニッシュ）は約6種類あり、軽めのランチ会に重宝しそう。スイーツ仕立てのデニッシュはフルーツなどを使った季節感のあるラインナップがうれしい。品数の多い午前中がおすすめで、インスタグラムから予約もできる。

（日持ち　当日中）

✓予約　○お取り寄せ　○要冷蔵　○イートイン

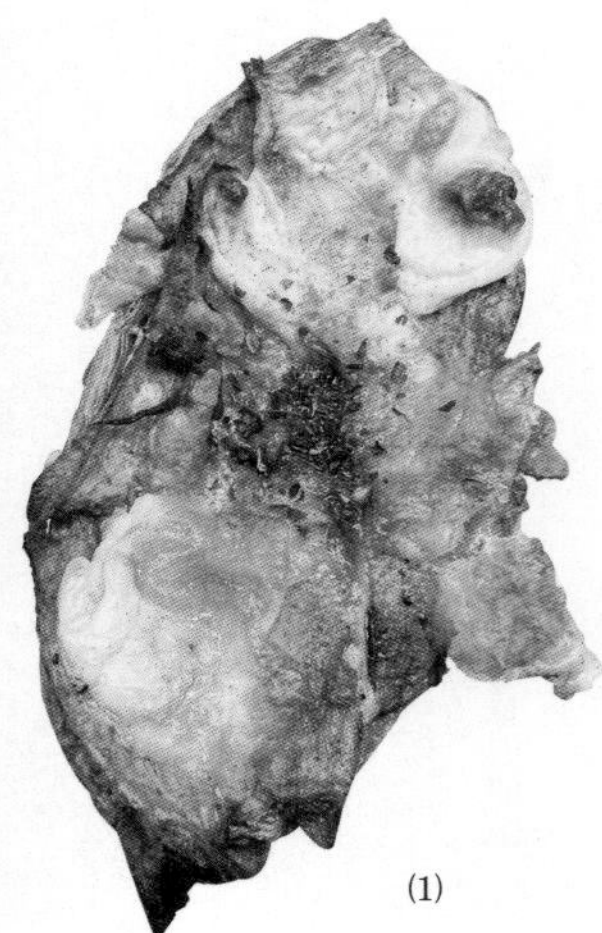
(1)

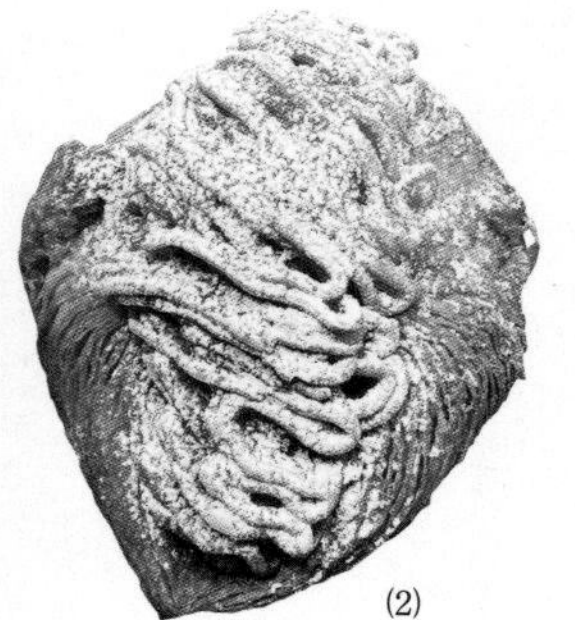
(2)

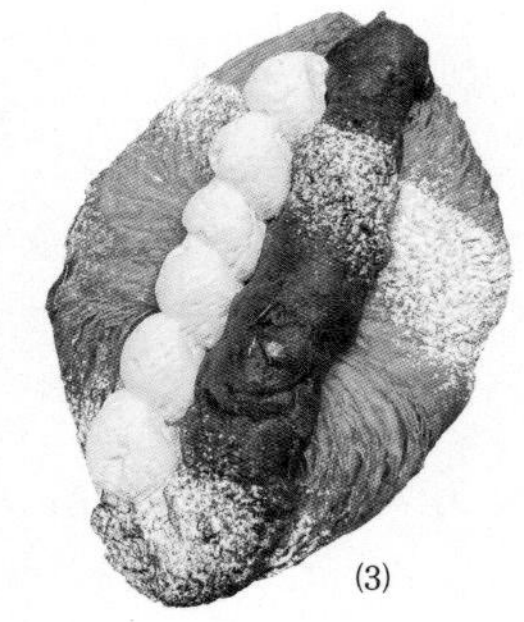
(3)

渋谷区代官山9-7
サンビューハイツ代官山103号室
電話番号 非公開
10：00〜売り切れ次第閉店
月〜水曜休

172

パンのおいしさが秀逸な
ベトナム生まれのサンド

バインミーサイゴン

エビスバインミーベーカリー

780円（1個）

ベトナム風サンドイッチ、バインミーの有名店。店内で生地から作るパンは、製パン歴50年の職人が焼き上げる絶品。ざっくりとした食感が魅力で、チャーシューやレバーパテ、パクチーなど具材との相性が抜群にいい。そのおいしさはベトナム人も太鼓判を押すほどだとか。豚肉レモングラス焼き、エビチリマヨとアボカド、揚げ豆腐と季節野菜（ベジタリアン）などバリエーションが豊富。

（日持ち　当日中）

◯予約　◯お取り寄せ　◯要冷蔵　◯イートイン

渋谷区恵比寿1-8-14 えびすストア内
03-6319-5390
11：00〜20：00　無休

173

クロワッサンとブリオッシュの
ハイブリッド♡

ブリクロ・エシレ

エシレ・ラトリエ デュ ブール

2160円（1本）※1人1点まで

麻布台ヒルズにオープンするなり、行列の絶えない人気店となった「エシレ・ラトリエ デュ ブール」。店の代名詞ともいえる「ブリクロ・エシレ」は、バターたっぷりのブリオッシュをクロワッサン生地で包んだリッチなヴィエノワズリ。焦がしバターを使い、卵に負けないしっかりしたバターの味・香りを表現している。クロワッサンのサクッとした食感と、ブリオッシュのシュワッと溶ける口溶けが特徴。（日持ち　当日中）

○予約　○お取り寄せ　○要冷蔵　○イートイン

港区虎ノ門5-9-1 麻布台ヒルズ ガーデンプラザB/1F
電話番号 非公開
11：00〜19：00　不定休

174

パン

AMAM DACOTAN 表参道店

(1)あんこ&練乳バター280円
(2)雲仙ハムのクロックマダム334円
(3)ミニフランクフルトロール270円

日本にマリトッツォブームをもたらしたトレンドメーカーの平子良太シェフが手掛けるベーカリー。店内で炊き上げたあんこが主役のあんこ&練乳バター、もちもちのドイツ生地でフランクフルトと焼きトマト、自家製マヨネーズをサンドしたミニフランクフルトロール、自家製ベシャメルソースや温泉玉子がのった雲仙ハムのクロックマダムなど、ひと手間かけた惣菜パンがイチオシ。連日行列なので、ネットの予約&決済サービスを利用して。（日持ち　当日中）

港区北青山3-7-6
03-3498-2456
11：00〜19：00
不定休

✓予約　○お取り寄せ　○要冷蔵　✓イートイン

(1)

(2)

(3)

開店前から行列必至のベーカリー

175

植物性オンリーの
クロワッサン

ヴィーガン クロワッサン

Universal Bakes and Cafe

380円（1個）

ヴィーガンアイテムのみを扱うベーカリーカフェ「Universal Bakes and Cafe」。店頭に並ぶのはミルクフランスやスコーンなど、ヴィーガンとは思えないものばかり。植物性素材と国産小麦粉を使い、健康にいいことだけでなくおいしさも大切にしている。クロワッサンはバターや卵を使わず、大豆由来の油脂を使用。香ばしさが出る全粒粉の生地に、マカダミアナッツを練り込んでコクをプラスしている。

（日持ち　当日中）

✓予約　✓お取り寄せ　○要冷蔵　✓イートイン

世田谷区代田5-9-15　03-6335-4972
8：30〜18：00
月・火曜休（祝日の場合は営業）

176

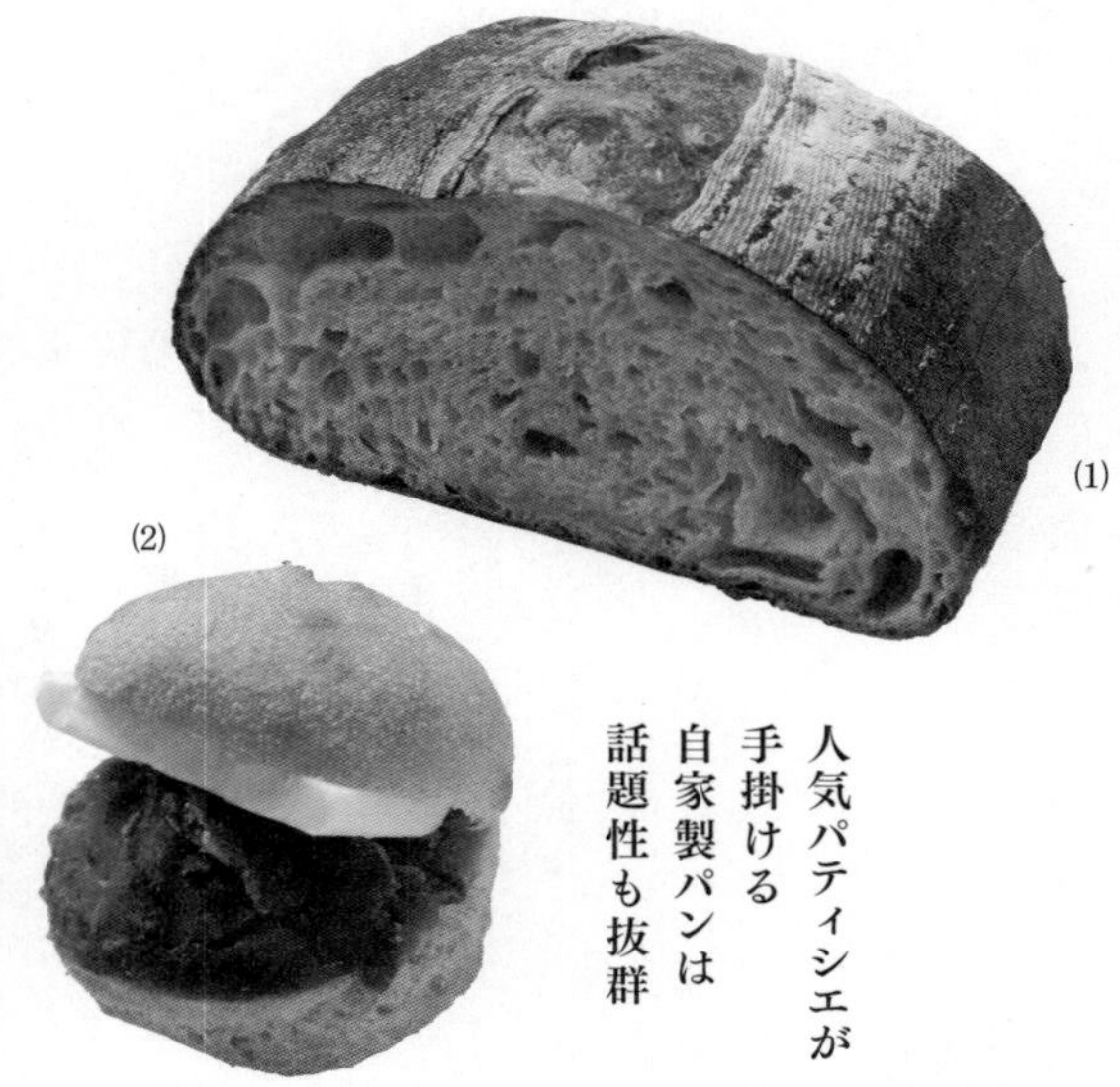

(1)

(2)

人気パティシエが
手掛ける
自家製パンは
話題性も抜群

サワードゥ&あんバター

Bakery bank

(1)サワードゥ 950円(ハーフ)
(2)あんバター 400円

日本橋・兜町にあるパティスリーeaseのシェフ、大山恵介氏がプロデュースするベーカリー。店のシグネチャーであるサワードゥ「BANK」は、石臼挽きのグリストミルや全粒粉を使用したハード系天然酵母パン。高加水・低温熟成発酵で作られているそう。差し入れにしたいあんバターは、全粒粉のパンに発酵バターとたっぷりのあんこをサンドしている。

(日持ち 当日中)

予約 お取り寄せ ◯要冷蔵 イートイン

中央区日本橋兜町6-7 兜町第7平和ビル1F
050-3593-0834(Bistro yenは050-3595-0835)
8:00〜18:00、Bistro yenは11:30〜21:30 水曜休

177
この照り、艶。
江戸前の真髄を見よ

178
大名の贈答品だった
江戸の押し寿司

177

穴子寿司

すし乃池

2900円(1人前)

創業50年以上を誇る谷中の名店は、老若男女を問わずファン多数。多くの客を魅了してきた穴子寿司には、作り手の矜持が込められている。折詰めにしてもふっくらとした食感が楽しめるようにと製法にこだわり、とろけるやわらかさになるまでじっくり煮込む。ひとつほおばれば、ほんのりとした炙りの香ばしさと秘伝ダレの自然な甘さが後を引く。ふわっととろける江戸の味をぜひおみやげに。

(日持ち　当日中)

予約 ○お取り寄せ 要冷蔵 イートイン

台東区谷中3-2-3　03-3821-3922
11：30〜14：00(LO13：30)、17：00〜21：00(LO20：30)　火・水曜休

178

笹巻けぬきすし

笹巻けぬきすし総本店

5ヶ折詰1378円

神田の「笹巻けぬきすし総本店」は、1702年創業の老舗寿司店。一貫ずつくるくると熊笹に巻かれた寿司は数人で分けやすく、食べやすい。寿司は鯛、光り物、白身魚、卵、海老など。タネは1日塩漬けした後、一番酢、二番酢に数日間漬け込んでいる。酢がよく効いたタネと酢飯の味が口の中いっぱいに広がり、なんとも美味。陣中見舞いに差し入れとして持参すれば、喜ばれること間違いなし。

(日持ち　当日中)

予約 ○お取り寄せ 要冷蔵 イートイン

千代田区神田小川町2-12宇田川ビル1F
03-3291-2570　10：00〜18：30(土曜は〜17：00)
日曜・祝日休、不定休あり

179

じゅわっと
おだしが染み出す
絶品「だしいなり」

だしいなり

だしいなり海木 日本橋店

1480円（4個入り）

福岡の日本料理店で締めのひと品として提供されていたいなり寿司が口コミで話題になり、「だしいなり専門店」として福岡と東京にオープン。特製の出汁をたっぷりと含ませたお揚げを、出汁を切らずに巻き上げていなり寿司に仕立てている。じんわりと染み出す出汁はコクがありながら優しい味わい。時間が経ってもパサパサにならず、もっちり食感をキープできるので、差し入れに最適。

（日持ち　当日中）

☑予約　◯お取り寄せ　◯要冷蔵　☑イートイン

中央区日本橋室町3-2-1コレド室町テラス1F
03-6262-7824
営業時間・定休日は要確認

180

山海の幸に発酵食品、
高級食材を使った
贅沢おにぎり

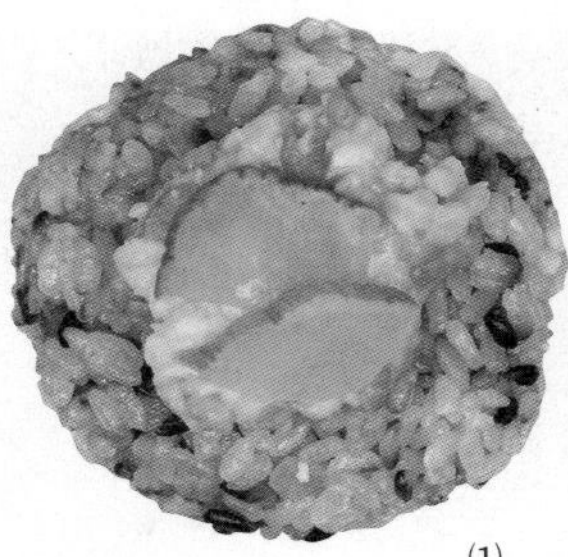

(1)

(3)

(2)

おにぎり

TARO TOKYO ONIGIRI 虎ノ門店

(1)いぶりがっこ味噌チーズ250円
(2)ホタテ塩麹バター300円
(3)厚切り焼きサバ300円

「TARO TOKYO ONIGIRI」はオフィス街の虎ノ門にあり、客足の絶えないおにぎり専門店。人気の秘密はかまど炊きの国産米と、手間暇かけたレシピにある。黒米を使った「いぶりがっこ味噌チーズ」、昆布や青のりをトッピングした「ホタテ塩麹バター」、薬味を添えた「厚切り焼きサバ」など、具材たっぷりのおにぎりは、まるでひと口サイズのお弁当のような充実感。（日持ち　当日中）

予約　○お取り寄せ　○要冷蔵　○イートイン

港区虎ノ門1-12-11 虎ノ門ファーストビル1F
03-6206-7550
8：00〜16：00　土・日曜休

181

無添加シャルキュトリを
パーティーの主役に

宮崎産まるみ豚のパテ・ド・カンパーニュ

Abats

900円（カット・店頭価格）

江戸川橋にあるシャルキュトリ専門店「Abats」では、無添加・自家製にこだわった手作りシャルキュトリと自然派ワインを販売している。名物のパテ・ド・カンパーニュは、宮崎県産まるみ豚と鶏レバーを使用。塊で熟成させ、食べ頃に真空パックにすることで、最高の状態で味わうことができる。食感のアクセントにピスタチオが入っているのが新鮮！

（日持ち　冷蔵で1週間、開封後食べきり）

○予約　ⓥお取り寄せ　ⓥ要冷蔵　○イートイン

新宿区山吹町332　080-6627-2335
11:00〜18:30（日曜は12:00〜16:00）
月曜休

182

切りたての生ハムを
そのままテーブルに

生ハム盛り合わせ

SALUMERIA 69

2160円

生ハムやサラミ、ソーセージなどのシャルキュトリ、チーズなどを販売する「SALUMERIA 69」は、客足の途絶えることがない人気店。オーダーが入ってからスライスする生ハムは驚くほどやわらかな食感で、脂は口の中でさらりと溶けてしまう。お皿を持ち込めばスライスしてきれいに盛り付けてくれるので、すぐに食べる場合はぜひ試してみて。ホームパーティーに彩りを添えてくれること間違いなし。

（日持ち　当日中）

予約　お取り寄せ　要冷蔵　○イートイン

調布市入間町3-9-11 サミール成城　03-6411-9496
12:00〜18:00　月〜水曜休（祝日の場合は営業）
※土・日曜・祝日は予約不可

183

一度食べれば虜になる
最高峰の味わい

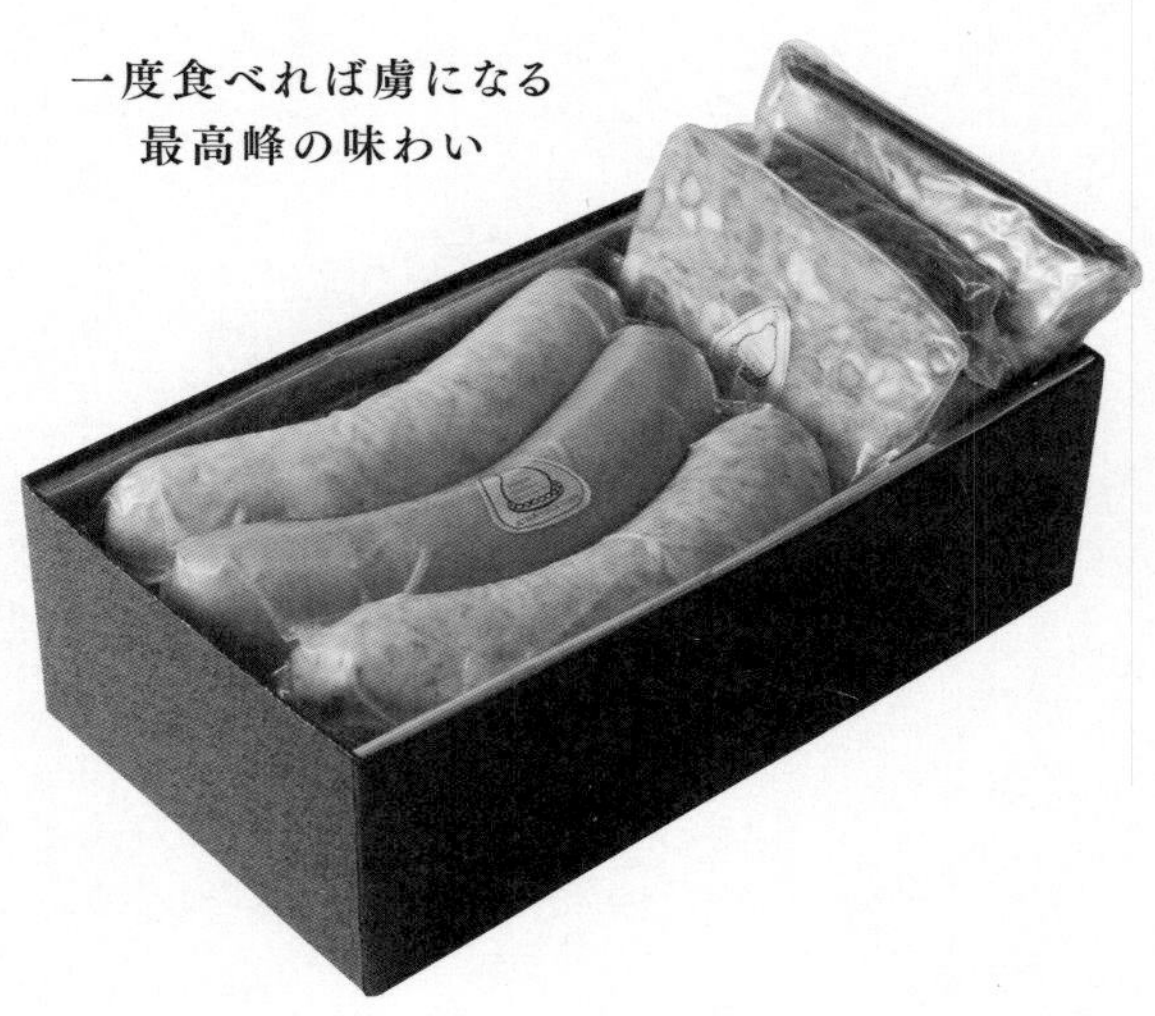

レ・グルモン

AU BON VIEUX TEMPS 尾山台店

5300円

「AU BON VIEUX TEMPS」はこだわりのフランス菓子を提供する尾山台の老舗ベーカリー。グルメの間で密かに話題を呼んでいるのが、自家製のシャルキュトリ。ソーセージ3種とテリーヌ2種が入った「レ・グルモン」は、ワインとともに味わいたい贅沢な詰め合わせ。豚肉の旨味が凝縮された深い味わいはクセになること間違いなし。売り切れ必至のため、早めの来店がおすすめ。

（日持ち　製造から6〜10日）

○予約　✓お取り寄せ　✓要冷蔵　○イートイン

世田谷区等々力 2-1-3
03-3703-8428
10:00〜17:00　火・水曜休

184

ホームパーティーに持参したい
チーズの盛り合わせ

北海道チーズの盛り合わせ

チーズのこえ

4860円

北海道産ナチュラルチーズの専門店「チーズのこえ」では、道内各地のチーズを種類豊富に扱っている。どれにするか迷ったときは、さまざまな種類を味わえる盛り合わせを。ドライフルーツをまとわせたデザートチーズや花びらのように削ったハードタイプのチーズなどが美しく盛り付けられており、見た目も華やか。事前予約をすれば、好みに合わせて内容を変えてもらえる。(日持ち　当日中)

✓予約　○お取り寄せ　✓要冷蔵　○イートイン

江東区平野1-7-7 第一近藤ビル1F
電話番号 非公開
11:00〜19:00　不定休

185

ホームパーティーのお供に
新鮮なチーズを

チーズ4種セット

CHEESE STAND

3744円

東京・多摩地域の牧場から届く新鮮なミルクを原料に、真摯にチーズ作りに取り組む「CHEESE STAND」。定番は真っ白でぷるんとした弾力の「出来たてモッツァレラ」、ホエイ（乳清）から作ったほんのり甘い「出来たてリコッタ」、巾着状の「東京ブッラータ」、ミルクの甘みと旨味が凝縮した、ひょうたん形の「カチョカヴァッロ」の4種類。個性的なチーズの世界を楽しめる。

（日持ち　チーズごとに異なる）

予約　お取り寄せ　要冷蔵　イートイン

渋谷区富ヶ谷1-43-7　080-9446-8411
12:00〜22:00（LO21:00）、土・日曜・祝日は11:00〜
月曜休（祝日の場合翌日）

186

Let's奥深き
チーズワールドへ

チーズ好きのためのチーズセット

アルパージュ

7289円（価格の変動あり）

世界中から取り寄せた約200種類以上のチーズが常時並ぶ「アルパージュ」おすすめのセット。くるみがのった丸い形のチーズは、りんごの蒸留酒カルヴァドスに包まれ、熟成した「カマンベールオゥカルヴァドス」。そのほか、ブルーチーズの代表格「ロックフォール」、蜜のような甘みを感じる「ボーフォールシャレダルパージュ」の3種類を楽しめる。

（日持ち　2週間）

☑予約　☑お取り寄せ　☑要冷蔵　○イートイン

新宿区神楽坂6-22　03-5225-3315
11:00〜18:00（木〜土曜は〜19:00）
※変更の場合あり　無休

187

食べ比べを楽しみたい
北海道スープカレー

うちのスープカレー

北海道どさんこプラザ 有楽町店

324円（102g）

東京のアンテナショップで手に入る日本各地の郷土料理で、ホームパーティーはいかが？ 札幌が発祥と言われるスープカレーは、北海道を代表する名物グルメ。「うちのカレー」は、ペースト状のルーとスパイスがセットになり、具材とともに煮込むだけ。お手軽調理で本格スープカレーが完成する。北海道バターを使ったコクのある味わいで、辛味は別袋になった特注ブレンドのミックススパイスで調節できる。

（日持ち　9カ月）

○予約　◎お取り寄せ　○要冷蔵　○イートイン

千代田区有楽町2-10-1 東京交通会館 1F
03-5224-3800　10：00～20：00
無休

188

三陸海岸から届く
海の幸の詰め合わせ

三陸海宝漬

いわて銀河プラザ

5000円～（350g）

岩手県釜石市の海鮮料理店「海宝漬中村家」の人気メニューを贈答用に仕立てたのが「三陸海宝漬」。箱を開けるとやわらかく煮た鮑やめかぶの醤油漬け、いくらがぎっしりと詰まっており、まさに海の宝石箱。いくらは朝日に照らされキラキラと輝く水面、あわびは水面に浮かぶ小舟を表現しているそう。おかずとしてそのまま食べてもよし、ご飯にたっぷりのせて丼にするのもよし。

（日持ち　製造から冷凍で3カ月）

○予約　◎お取り寄せ　◎要冷蔵　○イートイン

ご当地

中央区銀座5-15-1 南海東京ビル1F
03-3524-8282
10:30～19:00（毎月末日は～17:00）　無休

味比べが楽しい
富山からのおすそわけ

越中富山　幸のこわけ

日本橋とやま館

しろえび小判　411円
ほたるいか粕漬　627円

富山には、結婚式の参列者が引き出物でもらった鯛のかまぼこを小さく切り分けて近所に配る風習があるという。そんな富山のおすそわけ文化をイメージしたのが「幸のこわけ」。富山湾の宝石シロエビを使ったしろえび小判やほたるいか粕漬、いか黒作りなど、食べきりサイズの富山の幸を10種類以上ラインナップしている。色々な種類を揃え、味比べをしてみては？（日持ち　商品により異なる）

○予約　Ⓥお取り寄せ　Ⓥ要冷蔵　○イートイン

中央区日本橋室町1-2-6 日本橋大栄ビル1F
03-3516-3020
10：30〜19：30（店舗により異なる）　不定休

190

徳島県の産地直送グルメを
奥渋谷で買える

阿波尾鶏とりそばセット

Turn Table

3240円（要予約）

「Turn Table」はレストラン、ホテル、マルシェが併設された複合施設。マルシェで買える産地直送グルメのなかでも人気なのが「阿波尾鶏とりそばセット」。スープや鶏もも肉、鶏つくね、野菜、半田そうめんがセットになり、徳島を代表するブランド鶏・阿波尾鶏のおいしさを余すことなく味わえる。しっかりとしたコクと旨味、弾力が特徴の阿波尾鶏を堪能して。（日持ち　冷凍で2週間）

Ⓥ予約　Ⓥお取り寄せ　○要冷蔵　Ⓥイートイン

渋谷区神泉町10-3
03-3461-7722　11：30〜15：00（LO14：30）、18：00〜23：00（LO22：00）　日曜休

191

産地のカレー

中川政七商店 渋谷店

496円(1個)

○予約 ☑お取り寄せ ○要冷蔵 ○イートイン

日本各地のカレーで旅行気分になれる?

煮ごみカレー(佐賀)、ビルマ汁(栃木)、牛すじすったてカレー(岐阜)、近江黒鶏の黒カレー(滋賀)など、ユニークなカレーが6種類ラインナップされている。(日持ち1カ月以上)

渋谷区渋谷2-24-12 渋谷スクランブルスクエア11F
03-6712-6148 10:00〜21:00
定休日は施設に準ずる

192

広島れもん鍋のもと

ひろしまブランドショップTAU

432円(180g)

○予約 ☑お取り寄せ ○要冷蔵 ○イートイン

お手軽な調味料を鍋パーティーにスタンバイ

広島県産レモンの果汁や果皮、塩麹などで味付けした鍋の素。レモンのさっぱり感、塩麹の旨味、にんにくや生姜などの風味が一体となっている。(日持ち1年)

中央区銀座1-6-10 銀座上一ビルディング
03-5579-9952
10:30〜20:00(フロアにより異なる) 無休

193

THE・さBAR

日本百貨店 にほんばし總本店

(1)糸島またいちの塩997円
(2)明太子997円

常温保存でOK
どこでも食べられる燻製鯖

(1)

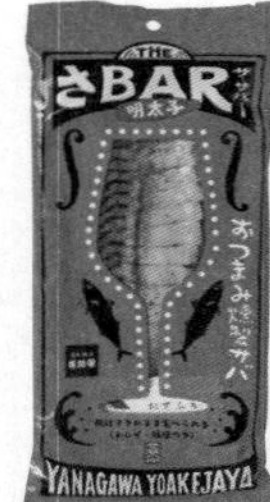

(2)

○予約 ㋹お取り寄せ ○要冷蔵 ○イートイン

脂ののったノルウェー鯖を燻製にしたもの。福岡・糸島のまたいちの塩(天然塩)で旨味を引き出している。ピリ辛の明太子味もあり、お酒のつまみにぴったり。 (日持ち 製造から1年)

中央区日本橋室町3-2-1 コレド室町テラス1F
03-6281-8997
11:00〜20:00(土・日曜・祝日は10:00〜) 不定休

194

山うにとうふ

銀座熊本館

710円(100g)

まるでうにのような
食感&風味が
ユニーク

○予約 ○お取り寄せ ㋹要冷蔵 ○イートイン

熊本・五木村で約800年受け継がれているという伝統保存食・豆腐の味噌漬けを現代的にアレンジ。九州産大豆の豆腐を秘伝のもろみ味噌に長期間漬け込んでいる。 (日持ち 製造から2カ月)

中央区銀座5-3-16 03-3572-1147
11:00〜19:00、ASOBI・Barは
12:00〜19:00(LO18:30) 第1月曜休

195

ちょっとセレブな
おうちディナーに最適

レザンファンギャテの FRENCH BOX

レザンファンギャテ

2万6800円

渋谷のフレンチレストラン「レザンファンギャテ」の料理を自宅で楽しめるグルメセットは、少し贅沢なディナーを演出したい日に試してほしい。内容は、店自慢のテリーヌ3種にワインに合うおつまみ、スープ、パンが入っており、2人分の軽いコースがこれで完成。さらにカジュアルに楽しみたいなら、テリーヌなど前菜5品の詰め合わせ1万4400円もあり。

（日持ち　冷蔵で4日）

☑予約　☑お取り寄せ　☑要冷蔵　○イートイン

渋谷区猿楽町2-3　03-3476-2929

11：30～15：00（LO14：00）、17：30～22：00（LO20：00）、土・日曜・祝日は12：00～15：00（LO14：00）、18：00～22：00（LO20：00）　月曜休（祝日の場合翌日）

196

鍋1つで作れる
本格スパイスカレー

11種のスパイス香るチキンカレーキット

シバカリーワラ

2480円

三軒茶屋の「シバカリーワラ」はカレーマニアの間で話題のインドカレー店。シェフが監修するスパイスカレーのミールキット（2〜3人前）は、ホールまたはパウダーのスパイス、あらかじめ炒めた玉ねぎミックス、仕上げのガラムマサラが入っており、スパイス料理に慣れていない人でも本格的な味に仕上げられる。包丁いらずで30分程度で調理できるのも魅力。（日持ち　発送日から1カ月）

予約　お取り寄せ　要冷蔵　イートイン

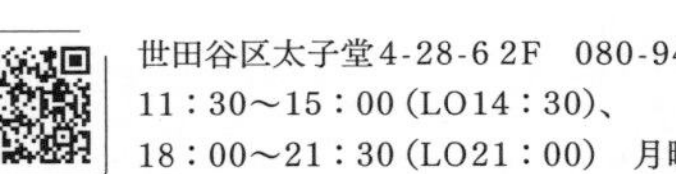

世田谷区太子堂4-28-6 2F　080-9432-8200
11：30〜15：00（LO14：30）、
18：00〜21：30（LO21：00）　月曜休
※通信販売のみ。冷凍で発送

197

イタリア伝統の味を
パーティーの主役に

パネットーネ

イータリー銀座店

(1)パネットーネ・ミラネーゼ5800円(1kg)、(2)パネットーネ・マロングラッセ6480円(1kg)

イタリア産の高品質な食材と伝統的なイタリア料理を提供する「イータリー」では、クリスマスの伝統菓子パネットーネをぜひ選んでほしい。BONIFANTI社のパネットーネは、代々受け継がれている天然酵母を使用したオリジナルの生地が魅力。砂糖漬けのフルーツが入っているミラネーゼとマロングラッセが毎年人気で、販売期間はクリスマス時期限定。カラフルな包装紙がギフト感を演出してくれる。（日持ち　4カ月）

Ⓥ予約　Ⓥお取り寄せ　○要冷蔵　Ⓥイートイン

中央区銀座6-10-1 GINZA SIX 6F
03-6280-6581　10：30～22：30、レストランはLO21:00　無休

198 キムチ＆カクテギ

アンガ食品

コクうま白菜キムチ918円（500g）、カクテギ537円（300g）

✓予約　✓お取り寄せ　✓要冷蔵　○イートイン

**行列ができる人気店で
韓国料理をテイクアウト**

キムチやカクテギは、唐辛子やにんにく、りんごなど数十種類の材料が入った秘伝のヤンニョムで漬け込んでいる。手作りならではのコクと旨みたっぷり。（日持ち 製造から7～10日）

品川区小山2-6-20　03-3786-3875
11:00～18:00（土曜は～19:00）
日・月曜休

199 豚饅

東京豚饅

300円（1個）

○予約　✓お取り寄せ　○要冷蔵　✓イートイン

**熟練の職人が丁寧に包んだ
心に染み渡るソウルフード**

大阪みやげの定番「551 蓬莱」の創業者のレシピを再現した完全無添加の豚饅。質の高い豚肉と玉ねぎに秘伝のレシピで配合された調味料を合わせた食べごたえ満点な一品。（日持ち 当日中）

渋谷区恵比寿1-5-2 こうげつビル1F 102
03-3441-0551　11:30～21:00
月曜休

料理好きの支持率が高い
魔法の調味料

おいしいびん詰め

あたらしい日常料理 ふじわら

おいしい唐辛子918円、パクチーレモンオイル972円、カレーのもと1620円

料理好きの相手に必ず喜んでもらえると話題のアイテムがこちら。「あたらしい日常料理 ふじわら」を営む料理家の藤原奈緒さんが手掛ける調味料で、使い方は素材にさっとかけたり、和えたりするだけ。簡単にいつもの料理が新鮮な味わいに変化すると評判だ。公式サイトではこのびん詰めを使ったレシピを紹介しているので、贈るときにぜひ教えてあげて。

（日持ち　製造から4・5〜9カ月）

○予約　✓お取り寄せ　○要冷蔵　○イートイン

小金井市梶野町5-10-58 コミュニティステーション東小金井
042-316-5613
営業日は公式HP、SNSで確認
※2024年11月に移転予定

201

具の9割が牛タン！
食べごたえ満点のご飯の供

瓶&缶詰

陣中 牛タン仙台ラー油

日本百貨店 にほんばし總本店

1126円（100g）

仙台にある牛タン専門店「陣中」が作る特製のラー油。ごろごろと大きくカットした牛タンにオリジナルの調味油を合わせており、食べごたえ十分。しっかりとした味付けなので、そのままご飯にのせて食べてほしい。さらに卵黄を落として丼風にアレンジするのもおすすめ。お酒のおつまみとしてもいい。辛さは控えめなので、誰でも食べられる。常温で保存できるため、贈り物に最適。

（日持ち　製造から8カ月）

○予約　✓お取り寄せ　○要冷蔵　○イートイン

中央区日本橋室町3-2-1 コレド室町テラス1F
03-6281-8997
11:00〜20:00、土・日曜・祝日は10:00〜　不定休

202

高知の海の恵みを瓶の中にぎゅっと凝縮

きびなごフィレ

まるごと高知

1180円（70g）

高知県西部の宿毛湾のきびなごを使用したひと品。初夏にとれる脂ののった子持ちのきびなごだけを厳選し、一尾づつ丁寧に手でさばき、黒潮町の天日塩に漬け込んで3カ月以上熟成させた後、爽やかなチュニジア産の有機エキストラバージンオリーブオイルに漬けている。上品でまろやかな塩気が特徴で、身の形がいいので料理の見栄えもよくなる。パスタやサラダにオイルごと加えるのもおすすめ。

（日持ち　1年）

○予約　✓お取り寄せ　○要冷蔵　○イートイン

中央区銀座1-3-13 オーブプレミア　03-3538-4365
10:30〜19:00、レストランは11:00〜15:00（LO14：30）、17：00〜21：00（LO20：00）　無休

瓶＆缶詰

203 桂馬の手作り鯛味噌

ひろしまブランドショップTAU

1950円（150g）

ご飯のお供にも！売り切れ続出のアイテム

広島県尾道市にある、創業100年以上の老舗「桂馬蒲鉾」の人気商品。風味豊かな瀬戸内海の鯛の身をふんだんに使い、味噌とともに丹念に炒り炊きしている。（日持ち 製造日から2カ月）

中央区銀座1-6-10 銀座上一ビルディング
03-5579-9952
10:30〜20:00（フロアにより異なる） 無休

○予約　✓お取り寄せ　○要冷蔵　○イートイン

204 鮭荒ほぐし

北海道どさんこプラザ 有楽町店

690円（100g）

食べごたえ満点の贅沢鮭フレーク

北海道の海鮮みやげの定番、佐藤水産の商品。ざっくりとほぐした大きめの鮭フレークは添加物を加えない素材そのもののおいしさ。ご飯にたっぷりかけて味わって。（日持ち 冷蔵で2カ月）

千代田区有楽町2-10-1 東京交通会館1F
03-5224-3800
10:00〜20:00　無休

○予約　✓お取り寄せ　✓要冷蔵　○イートイン

205 Uma Bar

銀座熊本館

各540円（65〜80g）

馬肉の缶詰で
おうちバルしてみる？

○予約　○お取り寄せ　○要冷蔵　○イートイン

熊本県の馬肉専門店「菅乃屋」の馬肉料理を缶詰に。馬肉のアヒージョ、馬テールのトマト煮、馬肉の焼肉風の3種類あり、ごろっとした馬肉の食感を味わえる。　（日持ち 製造から3年）

中央区銀座5-3-16　03-3572-1147
11：00〜19：00、ASOBI・Barは12：00〜19：00（LO18：30）　第1月曜休

206 サヴァ缶 国産サバのオリーブオイル漬缶詰

いわて銀河プラザ

518円（170g）

アレンジ自在な
鯖缶ブームの火付け役！

○予約　○お取り寄せ　○要冷蔵　○イートイン

三陸沿岸の復興支援のために誕生した国産鯖のオリーブオイル漬けが、東銀座のアンテナショップで手に入る。輸入品のような凝ったパッケージデザインが特徴。　（日持ち 製造から3年）

中央区銀座5-15-1 南海東京ビル1F
03-3524-8282
10：30〜19：00（毎月末日〜17：00）　無休

207

おあげにほのじ だしのお揚げ缶

だしいなり海木 日本橋店

1080円（1個）

いつでもどこでも ふっくらお揚げ！

☑予約 ☑お取り寄せ ○要冷蔵 ○イートイン

福岡のいなり寿司専門店が作る、たっぷりと出汁を含ませたお揚げ。容器に移して電子レンジ、または小鍋で温めると、炊きたての大豆やだしの香りが戻ってくる。（日持ち 6カ月）

中央区日本橋室町3-2-1コレド室町テラス1F
03-6262-7824
営業時間・定休日は要確認

208

国産いわし きとうゆずしお オリーブオイルづけ

AKOMEYA TOKYO in la kagū

422円（70g）

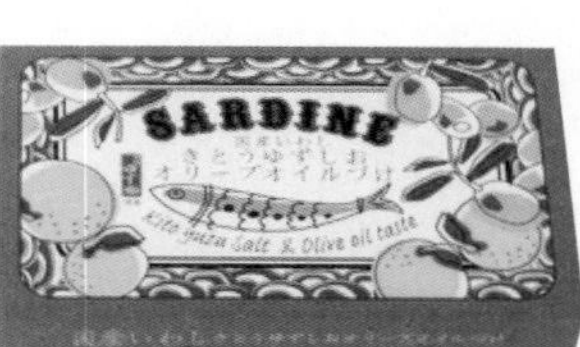

パッケージも 素敵な オイルサーディン

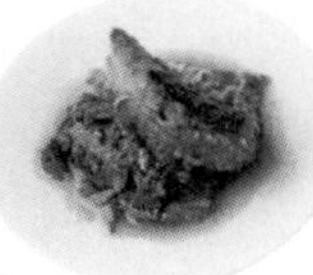

○予約 ☑お取り寄せ ○要冷蔵 ○イートイン

国産いわしを使ったオイルサーディン。脂ののった真いわしを香り高い木頭柚子とエクストラバージンオリーブオイルで漬け込んでいる。そのままでもパスタに和えても。（日持ち 製造から3年）

新宿区矢来町67
03-5946-8241
11：00〜20：00　不定休

209

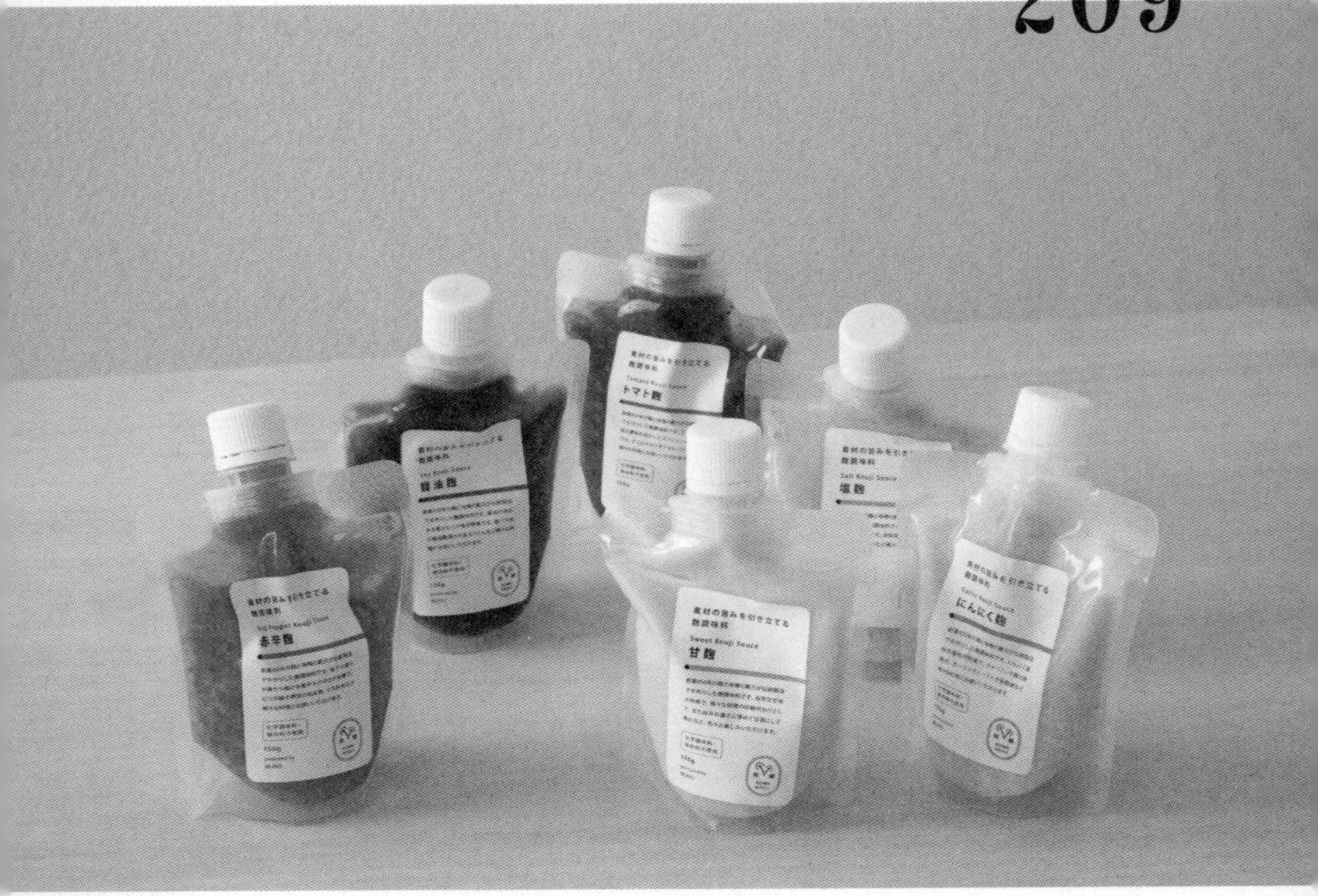

料理を簡単においしく！
体も整う健康派の調味料

麹の調味料

麹専門店MURO 神楽坂

素材の旨みを引き立てる麹調味料
702円～（150g）

神楽坂にある「麹専門店MURO」では米麹甘酒や調味料を販売。「素材の旨みを引き立てる麹調味料」は、砂糖や醤油、塩の代わりに料理に使える優れもの。食材に加えるだけで、肉や魚、野菜の旨味みを引き出して、素材をやわらかくしてくれる。和食調味料のベースとなる「塩麹・醤油麹・甘麹」、中華やイタリアン料理でも活躍する「赤辛麹・にんにく麹・トマト麹・ハーブ麹」などがある。（日持ち　製造から6カ月）

○予約　☑お取り寄せ　○要冷蔵　○イートイン

新宿区神楽坂1-12-6　03-5579-2910
11:00～19:00
火曜休（祝日の場合翌日）

210

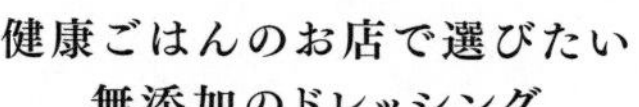
健康ごはんのお店で選びたい
無添加のドレッシング

酵素ドレッシング

玄米カフェ実身美 大手町店

3本セット3175円

若さと健康のカギといわれる酵素がたっぷりと入ったドレッシング。旬の生野菜をすりおろし、非加熱のまま作っているため、加熱に弱い酵素がしっかりとれて、野菜や果実そのものの色と味が楽しめる。全体の60%以上が生の有機玉ねぎというこだわりも。保存料や着色料無添加なので、子どもがいる家族や年配の方にも喜ばれるはず。3本セットはプレーン、有機人参、バジルの3種入り。

（日持ち　製造から6カ月）

✓予約　✓お取り寄せ　✓要冷蔵　○イートイン

千代田区丸の内1-3-2 三井住友銀行東館 B1F
03-5579-2910
11:00～21:00 (LO20:30)、土曜は～15:30 (LO15:00)
日曜休

211

エジプト塩&モロッコ胡椒

CASICA

各1080円

料理家のたかはしよしこさんが手掛けるオリジナル調味料。東京・西小山にあるアトリエで、スタッフたちにより全て手作りされている。「エジプト塩」は、天然塩・スパイス・ナッツをミックスした万能調味料。野菜に振りかけることで、素材の持ち味を引き出し、異国感ある香ばしい香りに。「モロッコ胡椒」はピリ辛でエキゾチックな味わい。

（日持ち　製造から約6カ月）

○予約　㋹お取り寄せ　○要冷蔵　○イートイン

江東区新木場1-4-6　03-6457-0826
11:00〜18:00
月曜（祝日の場合翌日）、第2・4火曜休

ひと振りするだけで
エキゾチックな料理に変身

212

ティムルコチョップ&ガラムマサラ

sunya

(1)ティムルコチョップ1404円
(2)ガラムマサラ972円

「sunya」はネパールやインドをはじめ、主に南アジアの香辛料を扱う〝スパイスのセレクトショップ〟。オリジナルの「ティムルコチョップ」は、ネパール山椒の爽やかな風味が効いたピリ辛ふりかけ。和・洋・中・エスニック、どんな料理にも合うので普段の食事に取り入れやすい。奥深い香りと味わいを引き出す「ガラムマサラ」は、カレーに入れることで本格的な味に。（日持ち (1)6カ月 (2)2年）

○予約　Ⓥお取り寄せ　○要冷蔵　○イートイン

世田谷区豪徳寺1-42-11 2F　03-6413-6441
13:00〜18:00
月〜木曜休

(2)

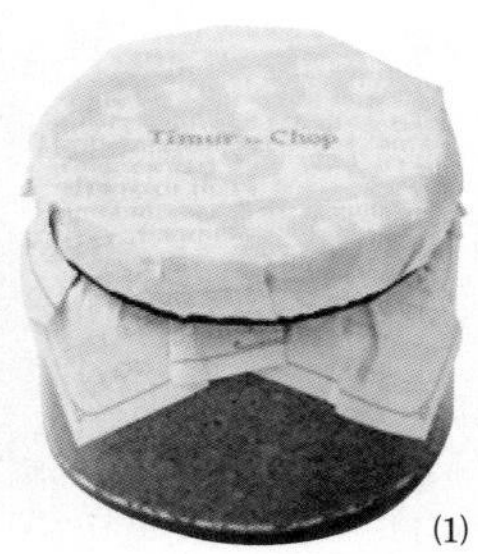

(1)

料理好きに贈りたい
良質で香り高いスパイス

213

贅沢な国産牡蠣のオイスターソース

キノクニヤ グルマンマーケット
渋谷スクランブルスクエア店
879円(150g)

いつも使う調味料こそ ちょっといいものが喜ばれる

広島県産・瀬戸内海産の牡蠣のエキスを贅沢に使用したオイスターソース。コクと旨味がたっぷり。炒め物に和えても、ゆでた野菜にさっとかけてもおいしい。

○予約 ☑お取り寄せ ○要冷蔵 ○イートイン

渋谷区渋谷2-24-12 渋谷スクランブルスクエア B1F
03-6803-8318
10:00〜21:00、ベーカリー・デリ・カフェ＆バーは
9:00〜21:00（LO20:30） 定休日は施設に準ずる

214

贅沢な卵かけトリュフしょうゆ

キノクニヤ グルマンマーケット
渋谷スクランブルスクエア店
1188円(150g)

トリュフの香り漂う リッチな卵料理にチェンジ

淡い琥珀色の白醤油とオリーブオイル、黒トリュフが入ったブレンドソース。オムレツなどの卵料理との相性抜群。シンプルな卵かけご飯も格別な味に。

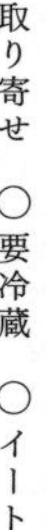

渋谷区渋谷2-24-12 渋谷スクランブルスクエア B1F
03-6803-8318
10:00〜21:00、ベーカリー・デリ・カフェ＆バーは
9:00〜21:00（LO20:30） 定休日は施設に準ずる

215 だしが良くでる宗田節

まるごと高知
1080円（40g）

おうちで簡単に作れる
秘伝の熟成醤油

○予約 ✓お取り寄せ ○要冷蔵 ✓イートイン

瓶の中に好みの醤油を入れて冷蔵庫で約10日熟成させる。すると、醤油が香り豊かな料亭風だし醤油に！ 醤油が減ったら継ぎ足して約1年間使用できる。　（日持ち 開封から1年）

中央区銀座1-3-13 オーブプレミア　03-3538-4365
10:30～19:00、レストランは11:00～15:00（LO14:30）、17:00～21:00（LO20:00）　無休

216 吹屋の紅だるま

日本百貨店 にほんばし總本店
942円（48g）

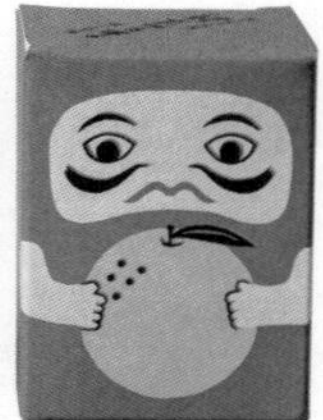

食卓にちょこんと置きたい
かわいいピリ辛調味料

○予約 ✓お取り寄せ ○要冷蔵 ○イートイン

愛くるしい表情のだるまの瓶の中に入っているのは、岡山県産の唐辛子と柚子で作った赤柚子胡椒。柚子の香りとピリッとした辛さが料理の味を引き立ててくれる。　（日持ち 製造から1年）

中央区日本橋室町3-2-1 コレド室町テラス1F
03-6281-8997　11:00～20:00
土・日曜・祝日は10:00～　不定休

217

繊細な香りの一杯が
毎日を豊かにしてくれる

ONIBUS BLEND

ONIBUS COFFEE Nakameguro

９２９円（１００g）

カフェ激戦区・中目黒にある、古民家をリノベーションしたコーヒースタンド。世界各国のコーヒー農園に足を運んでコーヒー豆を仕入れており、高品質にこだわったスペシャルティコーヒーを扱う。果実味あふれる味わいが特徴で、シングルオリジンは、豆によって異なる味わいを繊細に表現。定番のオニバスブレンドは、甘さ、深み、果実感、全てのバランスがとれた誰からも愛される味わい。

（日持ち　３カ月）

○予約　㋹お取り寄せ　○要冷蔵　㋹イートイン

目黒区上目黒2-14-1　03-6412-8683
9:00〜18:00
不定休

218

おうちカフェに重宝する
充実のコーヒーアイテム

ノラベース&ベラ・ドノヴァン

ブルーボトルコーヒー
清澄白河フラッグシップカフェ

(1)ノラベース2274円
(2)ベラ・ドノヴァン(コーヒー豆)1924円

世界各地の農家から厳選したコーヒー豆を使い、一杯一杯ハンドドリップしたスペシャルティコーヒーを提供するブルーボトル。ノラベースは、カフェで提供するNOLAと同じコーヒー豆を使用して抽出した濃縮液に、オーガニックシュガーとチコリをブレンド。オリジナルブレンドのベラ・ドノヴァンは、ベリーの繊細さとほのかなスモーキーさが絶妙なバランス。

(日持ち (1)約3カ月、(2)焙煎日から3カ月)

○予約 ✓お取り寄せ ○要冷蔵 ○イートイン

(1)

(2)

江東区平野1-4-8
電話番号 非公開
8:00〜19:00　不定休

219
フェアトレードで仕入れるタイ産コーヒー

(1)

(2)

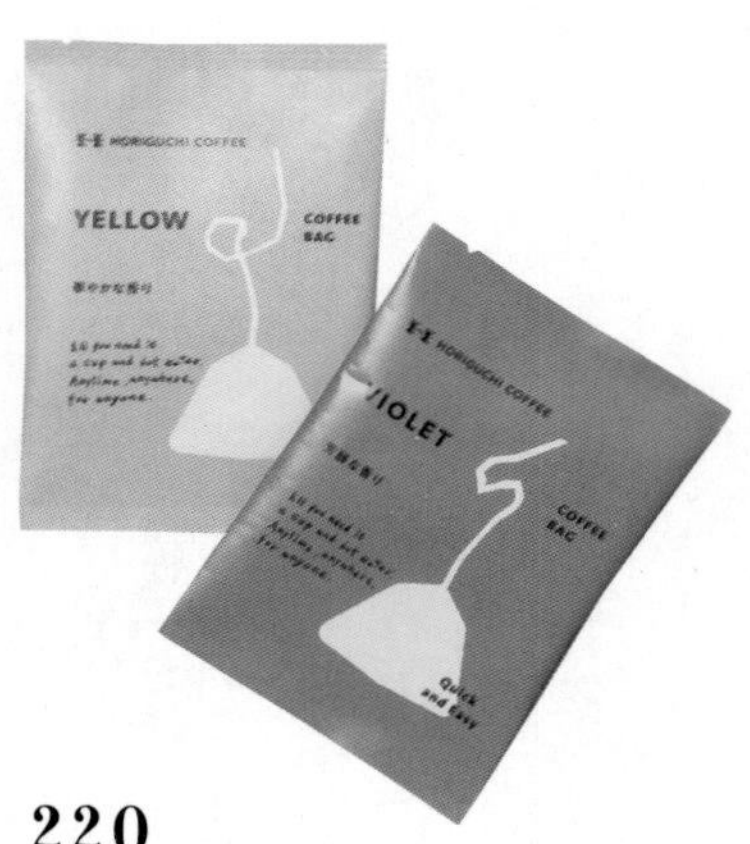

220
コーヒー好きに贈りたいこだわりアソートセット

219

コーヒー豆＆ドリップバッグ

AKHA AMA COFFEE

(1)コーヒー豆2100円（200g）
(2)ドリップバッグ280円（1個）

「AKHA AMA COFFEE」はタイ・チェンマイ発の人気コーヒーショップ。タイ北部の山奥で暮らす少数民族「アカ族」が栽培する豆を使ったコーヒーを提供している。購入できるコーヒー豆は、焙煎の度合いを3段階（浅煎り・中煎り・深煎り）から選択可能。贈る相手の好みに合わせてセレクトできる。いつも忙しいあの人には、手軽なドリップバッグタイプを。（日持ち　焙煎から3カ月）

○予約　✓お取り寄せ　○要冷蔵　✓イートイン

新宿区赤城元町1-25　03-6280-8755
8:00～19:00
無休

220

コーヒーバッグ ASSORTMENT

堀口珈琲 Otemachi One店

1198円（6袋入り）

世界各地のパートナー生産者から仕入れた高品質な生豆を高い技術で焙煎する、スペシャルティコーヒーの専門店「堀口珈琲」。特にオリジナルブレンドには長年こだわり続けている。そんな堀口珈琲の味を手軽に楽しめるのが、ダンク式のコーヒーバッグ。お湯とカップがあれば簡単に抽出できるので、旅行先やアウトドアでも便利。香りや味の異なる2種×3袋のセットはプチギフトに重宝しそう。（日持ち 製造から1年）

○予約　✓お取り寄せ　○要冷蔵　✓イートイン

千代田区大手町1-2-1 Otemachi One 1F 102
03-6206-3470　7:30～18:30（土曜は9:00～18:00）
日曜・祝日休

221

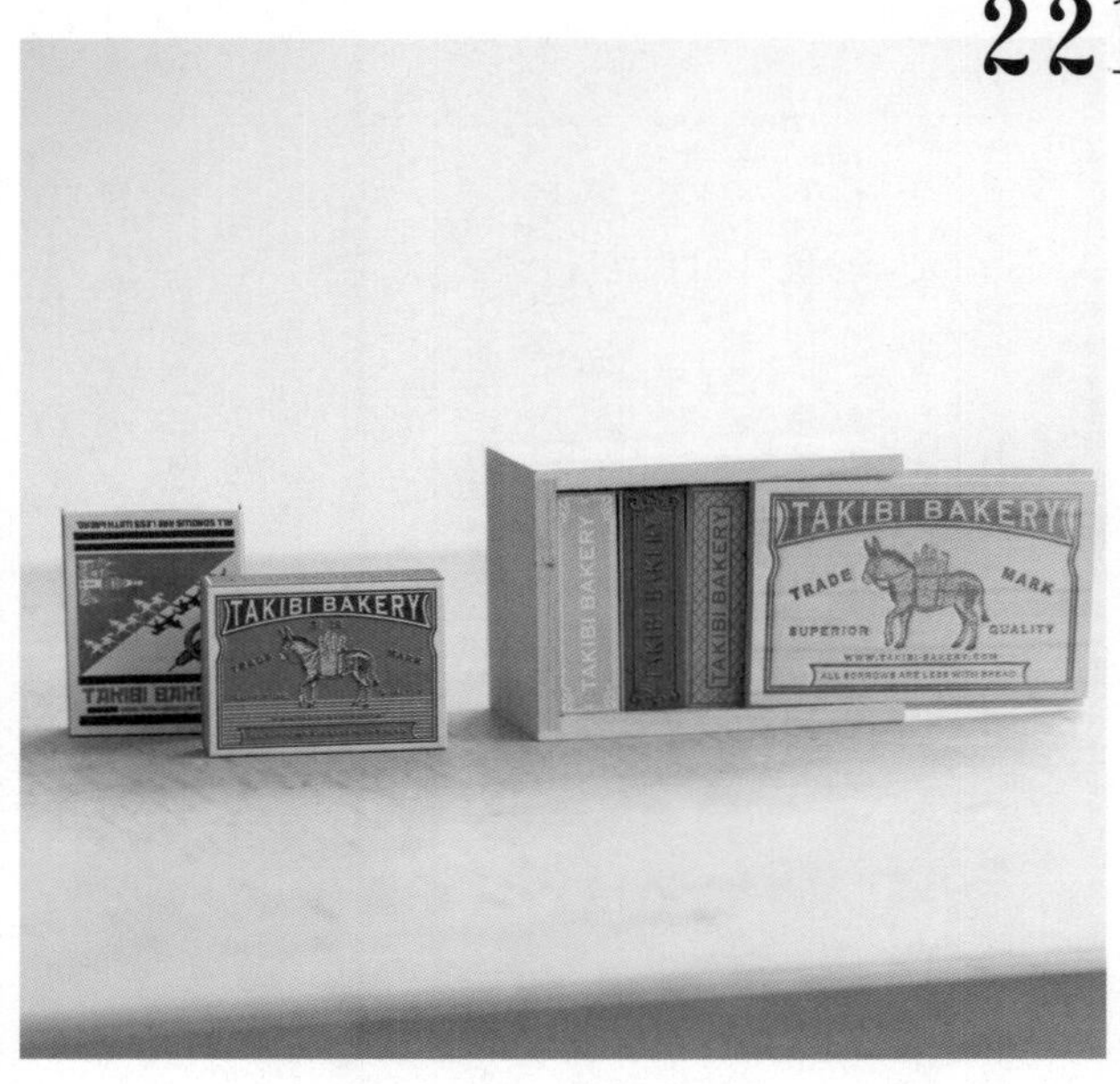

マッチ箱に入った紅茶で
旅気分を味わう

TAKIBI BAKERYの旅する紅茶ギフトセット

CASICA

2726円（木箱入り5個セット）

約300坪もの巨大な倉庫をリノベーションした複合空間「CASICA」。数ある商品の中でぜひ手に取ってほしいのが、小さなマッチ箱の中に入った紅茶のティーバッグ。ダージリンやルイボスミント、チャイなど12種類のフレーバーがあり、それぞれにデザインが異なるのが楽しい。ギフトにぴったりの木箱入りなら、好みのフレーバーを5つ詰め合わせにできる。

（日持ち　約1〜2年）

○予約　✓お取り寄せ　○要冷蔵　○イートイン

江東区新木場1-4-6　03-6457-0826
11:00〜18:00
月曜（祝日の場合翌火曜）、第2・4火曜休

222

ファッションデザイナーが手掛ける
おしゃれなスパイスチャイ

チャイギフトボックス

COBACHI CHAI

ティーバッグ1800円〜2000円
リーフタイプ2200円〜2400円

コンセプトショップ「COBACHI TOKYO」に併設されたスパイスチャイの専門店。世界中から厳選したスパイスと紅茶を使用した、香り豊かなチャイが自慢。フレーバーは軽めなものからスパイシーなものまで4種類から選べる。贈り物には、本格的なチャイが自宅でも楽しめるギフトボックスを。煮出しとティーバッグから選べるのもうれしい。ギフト用のボックスもセンス抜群。

（日持ち　開封から6カ月）

○予約　✓お取り寄せ　○要冷蔵　✓イートイン

台東区蔵前3-19-6 1F　03-5829-6877
11:00〜19:00
無休

223

全国各地の日本茶を
農園めぐりするように選ぶ

(1)

(2)

(3)

シングルオリジン煎茶

煎茶堂東京

(1)つゆひかり　1960円（30g缶）、
(2)香駿　1960円（30g缶）
(3)むさしかおり　1829円（30g缶）

単一農園で栽培された単一品種のシングルオリジン煎茶を扱う店。オンラインショップには生産者の名前や農園の標高まで細かく書かれており、まるで茶畑めぐりをしているような気分に。「つゆひかり」は濃厚な旨味とずっしりとした味わい、「香駿」はすっきりと上品でシナモンのような香り、「むさしかおり」は樹皮のような香りが鼻に抜けて清涼感が心地よいなど、香りも味も驚くほど異なる。通年のものだけでなく、季節限定の茶葉も。（日持ち　開封後1カ月）

○予約　✓お取り寄せ　○要冷蔵　○イートイン

中央区銀座5-10-10
03-6264-6864
11:00〜19:00　無休
※パッケージの色と価格は、予告なく変更する場合がありますのでご了承ください

224

見た目にも癒される
野の草花のハーブティー

ル・ベネフィック スルタンソリマン ハーブティー

kusakanmuri

2754円（6種入り）

「都会の野原」をコンセプトに、白色と緑色の草花のみ取り扱うフラワーショップ。「ル・ベネフィック」のハーブティーは、野生の植物を一本ずつ手摘みし、そのままの形で乾燥させている。厳しいルールのもと生産されており、「EUオーガニック（有機）認証」と「ECOCERT」の2つのオーガニック認証を取得。お湯につけると徐々に色付き、心地よい香りが漂う。

（日持ち　加工から3年）

○予約　✓お取り寄せ　○要冷蔵　○イートイン

渋谷区恵比寿西1-16-4
03-6415-4193　12:00〜19:00（土曜・祝日は〜18:00）
火・日曜休

225

**体を気遣う贈り物として
プレミアムな甘酒をチョイス**

KOJI DRINK A

麹専門店MURO 神楽坂

(1) 2160円(720㎖)、
(2) 1296円(300㎖)、
(3) 500円(100㎖)

「KOJI DRINK A」は、麹専門店MUROが6年かけて自社で開発したこだわりの米麹甘酒。なめらかな口当たりとさらりとした粒感が特徴で、喉越しすっきり。ほのかな甘みとコクがある。720㎖、300㎖、100㎖と3種類あり、1週間分・3日分・1回分と使い分けができる。ワインボトルのようなおしゃれなデザインでギフトにぴったり。

(日持ち　注文から2カ月以上)

○予約　✓お取り寄せ　○要冷蔵　○イートイン

新宿区神楽坂1-12-6
03-5579-2910　11:00〜19:00
火曜休(祝日の場合は翌日)

226

(2)

徳島の伝統茶を
暮らしに取り入れる

(1)

阿波番茶

Turn Table

(1)1998円(100g)、
(2)810円(20g)

徳島の伝統茶「阿波番茶」は、世界的にも珍しい乳酸発酵させて作ることで知られている。近年は〝健康茶〟としての研究が進み、便秘解消や美肌効果・免疫力アップなどの効果も期待されているとか。乳酸発酵させたお茶は、一般的なお茶よりもカフェインやカテキン量が少ないそうなので、小さな子どもから大人まで、世代を問わず渡せる。

(日持ち　12カ月)

✓予約　✓お取り寄せ　○要冷蔵　○イートイン

渋谷区神泉町10-3
03-3461-7722　11:30〜15:00(LO14:30)、18:00〜23:00(LO22:00)　日曜休

227

北海道の大地を味わう
コクと旨味のある一杯

高砂酒造 純米酒 国士無双 モシリ

北海道どさんこプラザ 有楽町店

1760円（720㎖）

北海道米を使用した酒造りで高い評価を得ている、旭川の「高砂酒造」が造る日本酒。代表銘柄「国士無双」は、北海道米「吟風」を使用した淡麗辛口の純米酒で、コクと旨味のバランスがいいひと品。広大な北の大地をイメージして命名した「モシリ」は、アイヌ語で大地の意味。北海道のアンテナショップ「北海道どさんこプラザ 有楽町店」で手に入る。

（日持ち　製造から1年）

◯予約　ⓥお取り寄せ　◯要冷蔵　◯イートイン

千代田区有楽町2-10-1 東京交通会館1F
03-5224-3800
10:00〜20:00　無休

228

禱と稔 山田錦

SAKE SHOP 福光屋 東京ミッドタウン店

4180円（720㎖）

有機米を使った
オーガニック日本酒

石川県金沢市にある1625年創業の酒蔵「福光屋」の直営店。有機栽培米のみを使った有機純米酒のブランド「禱と稔」は、豊かな旨味と芯のあるボディが特徴。

港区赤坂9-7-4 D-B123 東京ミッドタウンガレリア B1F
03-6804-5341 11:00〜21:00
定休日は施設に準ずる

○予約 ☑お取り寄せ ○要冷蔵 ○イートイン

229

加賀鳶 純米大吟醸 46 百万石乃白

SAKE SHOP 福光屋 東京ミッドタウン店

2200円（720㎖）

華やかさとキレのある
貴重な純米大吟醸

石川県で生まれた酒米「百万石乃白」を100%使用した、数量限定の純米大吟醸。フルーティーな香りとキレのある味わいで、白身の刺身やフレッシュチーズと相性抜群。

港区赤坂9-7-4 D-B123 東京ミッドタウンガレリア B1F
03-6804-5341 11:00〜21:00
定休日は施設に準ずる

○予約 ☑お取り寄せ ○要冷蔵 ○イートイン

230

ラルチザンデュテ ティースパークリング アールグレイ

キノクニヤ グルマンマーケット
渋谷スクランブルスクエア店
770円（330㎖）

ティータイムにもぴったりな
紅茶のスパークリングワイン

○予約　✓お取り寄せ　○要冷蔵　✓イートイン

シャンパンのように楽しめるティースパークリングワイン。アールグレイを低温で抽出し、華やかな香り＆すっきりとした味わいに。アルコール分も控えめで飲みやすい。

渋谷区渋谷2-24-12 渋谷スクランブルスクエア B1F
03-6803-8318　10:00〜21:00、ベーカリー・デリ・カフェ＆バーは9:00〜21:00（LO20:30）　定休日は施設に準ずる

231

「渋生」／YEAST DIVERSITY ALE

キノクニヤ グルマンマーケット
渋谷スクランブルスクエア店
440円（333㎖）

ビール好きにはたまらない
個性派クラフトビール

○予約　✓お取り寄せ　○要冷蔵　✓イートイン

各地で味わえるご当地ビールが渋谷区にも！ビール酵母・日本酒酵母・ワイン酵母の３種を合わせた、ふくよかで奥行きのある味わい。どんな食事にもぴったり。

渋谷区渋谷2-24-12 渋谷スクランブルスクエア B1F
03-6803-8318　10:00〜21:00、ベーカリー・デリ・カフェ＆バーは9:00〜21:00（LO20:30）　定休日は施設に準ずる

232
オレンジワイン
d47 design travel store
4400円（750㎖）

ナチュラル派に喜ばれる話題のオレンジワイン

○予約　○お取り寄せ　○要冷蔵　○イートイン

D&DEPARTMENTが親交あるワイナリーとともに造ったワイン。シーズンにより味わいが異なり、2023年仕込みは山形市産デラウエアを爽やかな味わいの一本に。

渋谷区渋谷2-21-1 渋谷ヒカリエ8F d47 MUSEUM内
03-6427-2301　12:00〜20:00
無休

233
阿久比レモンラドラー&阿久比れんげホワイト
d47 design travel store
各1250円（330㎖）

飲みやすさで選ぶなら知多半島の爽やかビールを

○予約　○お取り寄せ　○要冷蔵　○イートイン

知多半島の「OKD KOMINKA BREWING」とのコラボ。「レモンラドラー」はレモン風味の無加糖ビール、「れんげホワイト」は阿久比町のお米を使った白ビール。

渋谷区渋谷2-21-1 渋谷ヒカリエ8F d47 MUSEUM内
03-6427-2301　12:00〜20:00
無休

COLUMN

賢くスムーズに買える
手みやげ便利サービス

① デパートの楽々お買い物サービス

ネットでエキナカロッカー受け取り
@グランスタ東京

専用サイト「ネットでエキナカ」で事前予約＆ネット決済した一部の商品をロッカーで受け取れる。

簡単アプリ決済
@渋谷スクランブルスクエア

渋谷スクランブルスクエアアプリはショップで提示されるQRコードを読み取るだけで支払いが完了。ポイントやクーポンも利用可能。

② 至れり尽くせりホテルのサービス

事前決済＆ドライブスルー受け取り
@ The Okura Tokyo

シェフズガーデンの商品をオンライン購入＆事前決済し、ドライブスルーで受け取れる（店頭受け取りも可）。

タクシーデリバリー＆ドライブスルー受け取り
@ホテルニューオータニ

パティスリー SATSUKIの商品をタクシーデリバリー・店頭・ドライブスルーのいずれかで受け取れる（事前決済）。

③ 電子ギフト＆ギフトカタログ

迷ったときの一手に

SNSやメールで手軽に贈れる電子ギフト券。スマホで完結するものやカードタイプなど、使い方はさまざま。

例えば…
- ○ショッピングサイトのギフトカード
- ○アプリのギフトコード
- ○カフェ、アパレルのお買い物券

—— 引っ越し祝い

—— 結婚祝い

—— 出産日祝い

—— 誕生祝い

—— 長寿祝い

—— 成人祝い

—— ビジネス

SCENE

NO. 234 〜 NO. 284

大切な人に贈りたい
シーン別ギフトを選ぶ

THE BEST SELECTION 300

TOKYO GIFT CATALOGUE

引っ越し祝い

最近新居に引っ越したあの人には、
おうち時間を素敵に彩ってくれるアイテムを贈ろう。

234

フレンチリネンエプロン

6600円
AKOMEYA TOKYO in la kagū
→P.218

有能なキッチングッズが揃う「AKOMEYA TOKYO」には、デザイン性と機能性を兼ね備えたアイテムが揃い踏み。上質なフレンチリネンのエプロンは使う度に風合いが増す。発色のいいパープル。

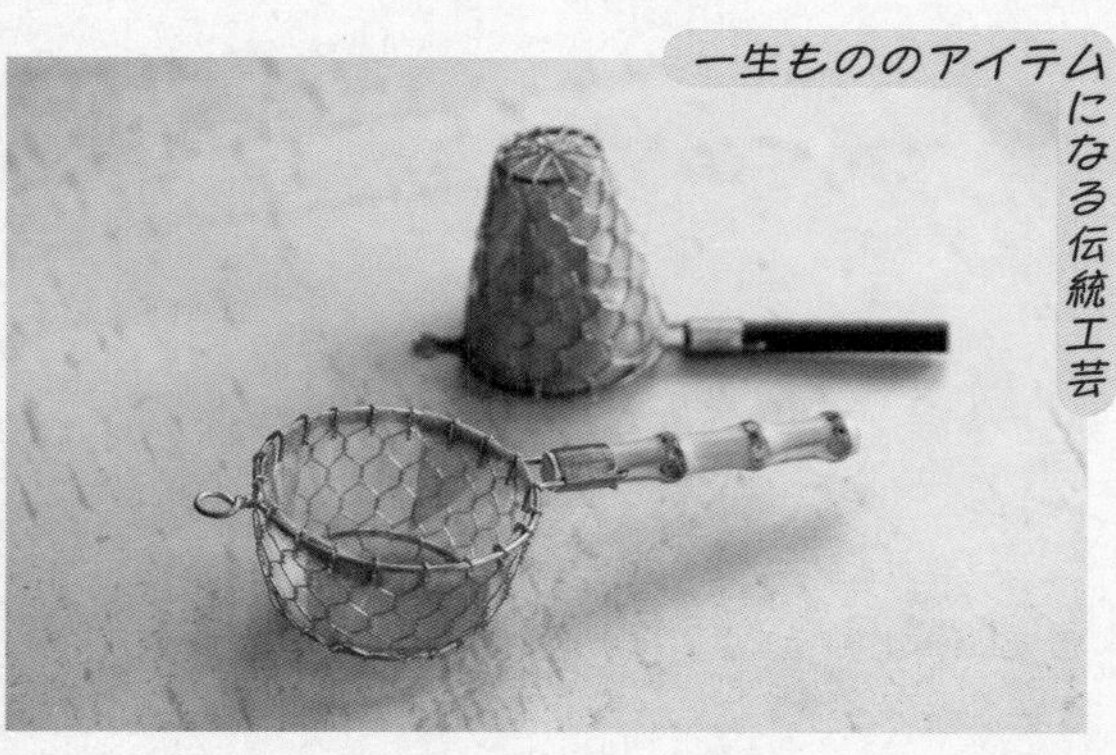

235

鳥井金網工芸の抹茶ふるい

9900円(中)
CASICA →P.218

巨大な倉庫をリノベした複合空間「CASICA」で購入できる、京金網の老舗による銅製の茶こし。職人の手によって一本一本手作業で編み込まれており、手仕事の温かみが感じられる。コーヒードリッパー6600円(小)もある。

236 張子飾り 渋谷犬

各4180円
中川政七商店 渋谷店
→P.219

日本の工芸をベースに現代の暮らしに根ざした品々を生み出す「中川政七商店」、渋谷店限定の張子飾りは、しっぽが動いて喜んで見える仕掛け付き。新居の玄関に置いておけば、いいことがあるかも。

毎日使うものだからこそいいものを

237 池本惣一 ポット

4950円
RECTOHALL
→P.219

日本の現代作家の器を多く取り扱う「RECTOHALL」のイチオシは、端正でいてどこか抜け感のある池本惣一ポット。白磁の器なので日常使いしやすく、幅広い年代の方に喜んでもらえるはず。

アロマグッズで癒しをプレゼント

238

眠れる専門店 kukka ピローミスト

4980円
Cosme Kitchen 代官山本店
→P.218

ありきたりな贈り物じゃ味気ないという時は、ピローミストはいかが？ kukkaのピローミストは中医学をベースにした香りで質の高い睡眠をサポートしてくれる。使い終わったボトルは一輪挿しにしてもいい。

優雅なザクロの香りで至福のバスタイムを

239

バスソルト ザクロ

7700円（500g）
サンタ・マリア・ノヴェッラ銀座
↓P.218

20世紀中頃に作られたオーデコロン ザクロの香りを使ったバスソルト。かすかなシトラスのトップノートに、フローラルなミドルノート、バニラにパチューリが香るラストノートと芳醇なフレグランス。

240

サンタ・マリア・ノヴェッラの石鹸

ザクロソープ バスサイズ
4180円（200g）
ヴェルティーナソープ
6050円（150g）
サンタ・マリア・ノヴェッラ銀座
↓P.218

パッケージも素敵なイタリアメイドの石鹸

肌に優しく、保湿力が高いと、世界中にファンを持つ名品。フレグランスソープはガーデニアやジャスミンなど8種の香りから選べる。包装紙もかわいいので、部屋に置いておけば芳香剤にも。

インテリアにもなるアロマディフューザー

241

ペタル

3500円
BANK→P.219

ガラスのシャーレの中にドライフラワーをとじこめた、ギフトに最適なアイテム。香りを選べるオイルとストーンと合わせてボックス(写真はイメージ)に入れれば、粋なプレゼントに。シャーレのカラーも選べる。

242 リード

5500円
BANK→P.219

ドライフラワーをとじこめたアロマポプリ

ガラスの中にアロマオイルとドライフラワーが入ったディフューザーは、カラーバリエーション豊富。香りがいいのはもちろん、置いておくだけで立派なインテリアになるのもうれしい。

環境にも優しい植物性

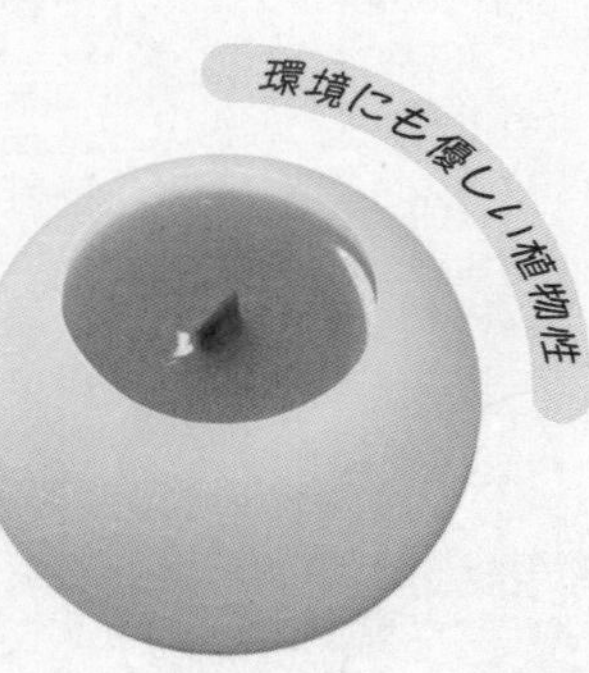

243 オリジナルキャンドル

7150円
BANK→P.219

BANKオリジナルの、オリーブオイル廃油を使った植物性キャンドル。芯も植物性でゴミが出ないのも喜ばれるポイント。ころんとしたフォルムがどんなテイストの部屋にもなじむ。

ポップなラグで部屋を華やかに

244

ALL GOOD RUG 3

8800円

ALL GOOD FLOWERS

→P.218

「ALL GOOD FLOWERS」の大人気アイテムのラグマットは、徳島県の工場で熟練の職人が1点ずつ仕上げる逸品。キャンバスに絵を描くように手作業で柄を打ち込んでいるため、ぬくもりを感じられる。

カラーも多彩な実用アイテム

おうち菜園できる
プチ栽培キット！

245

GLOW GOOD FLOWERS

各880円
ALL GOOD FLOWERS
↓P.218

缶の中には植物の種と土が入っており、缶をそのままプランターにして植物を育てられるというユニークなアイテム。植物はパッケージのカラーによって、タイムやイタリアンパセリ、バジルなどさまざま。

246

花ふきん

各880円
中川政七商店 渋谷店
↓P.219

発売から25年以上愛されるかや織生地のふきん。吸水性、速乾性に優れ、機能的。1枚ずつ手作業でミシンがけされているので、薄手なのに丈夫。洗いを重ねるほどにやわらかく使いやすくなるのがうれしい。

結婚祝い

結婚祝いには、華やかで縁起のいい贈り物を。ふたりの新しい生活に取り入れてほしい実用アイテムも。

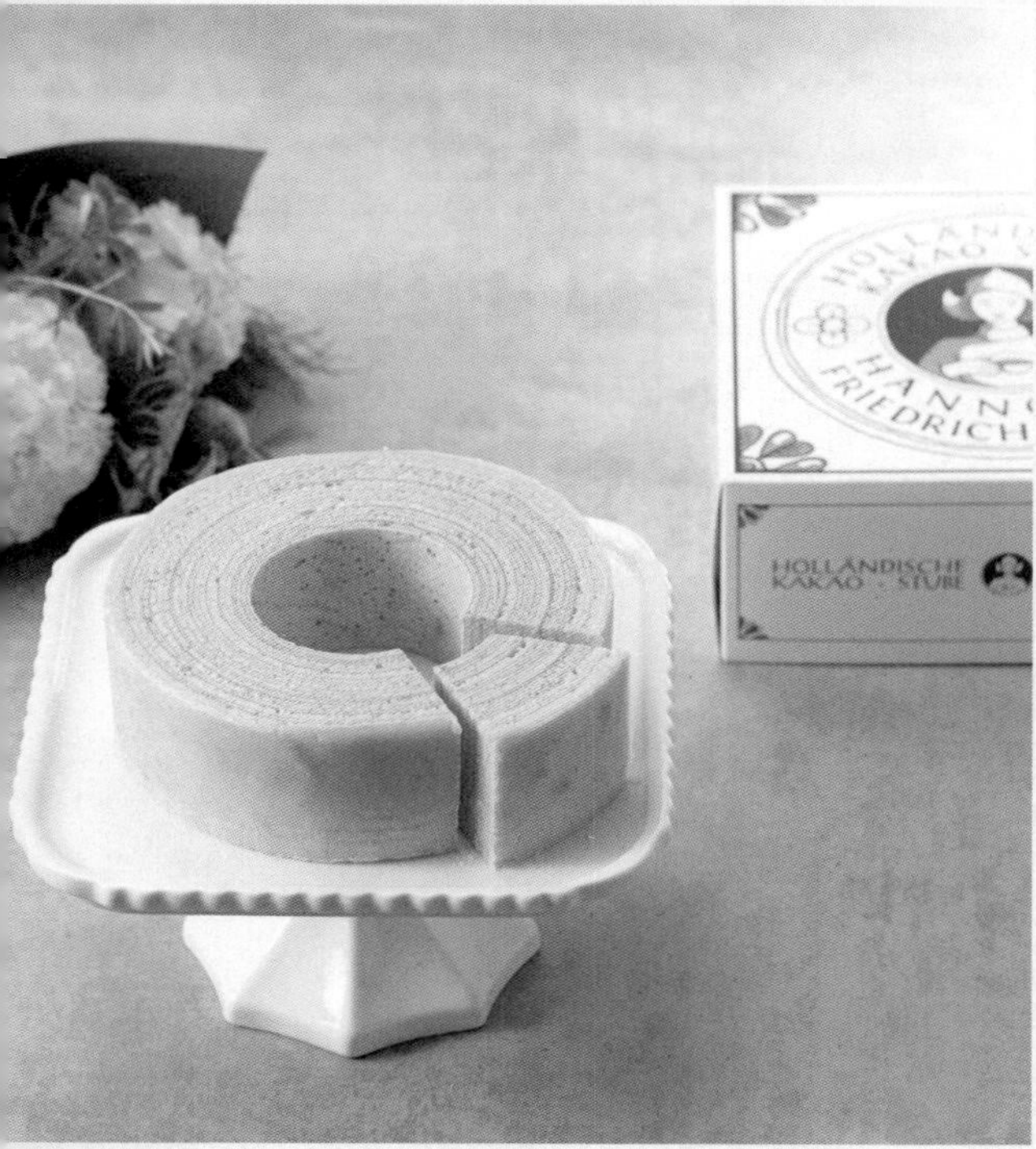

縁起のいいスイーツなら
この洋菓子で決まり

247

バウムクーヘン

3240円
ホレンディッシェ・カカオシュトゥーベ
→P.219

バウムクーヘンは長い年月をかけてできる木の年輪に似ていることから、結婚祝いにぴったりのアイテム。ドイツ菓子手工業連盟の定める基準に則り作られる、本場の味で職人の手仕事が光る。

248 開化堂の銅珈琲缶

3万5200円
CASICA
→P.218

手作り茶筒の老舗「開化堂」のコーヒー缶は、二重構造で気密性が高い。時間が経つごとに素材特有の光沢と色の変化を楽しめる。銅、真鍮、ブリキがあるが、お祝いの贈り物なら銅がおすすめ。

コーヒー好きのふたりに贈りたい

249 滴生舎（てきせいしゃ）の漆器

ねそり（小）各9680円
d47 design travel store
→P.219

結婚祝いには長く使える縁起ものを。岩手県二戸市の漆器製作工房・滴生舎の漆器はペアで買えば結婚祝いに。漆器なのに機能性も兼ね備えられていて、持ちやすくスタッキングも考えられている。

セットで贈る伝統工芸の食器

自宅がおしゃれな
あの人にぴったり

250

FATLAVAの花器

1万1000円〜
CASICA
↓P.218

結婚祝いに存在感のあるインテリアを贈れば、自宅に友人を呼んだときの話題に。1950〜70年代に西ドイツで作られた陶器の花器は全て一点もの。贈る人の顔を思い浮かべながら選びたい。

251

イノダコーヒのどびんセット

3630円
イノダコーヒ 大丸東京店
↓P.218

創業80年を超える京都のイノダコーヒ。ブランド名が刻印された美濃焼のオリジナル土瓶とロカ器は、風合いとこっくりとした飴色がレトロで味わい深い。ロカ器を土瓶の上に置けば、コーヒーを淹れることもできる。

SCENE 2
結婚祝い

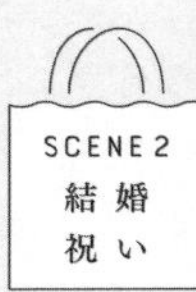

いろんな銘柄をお試しできるセット

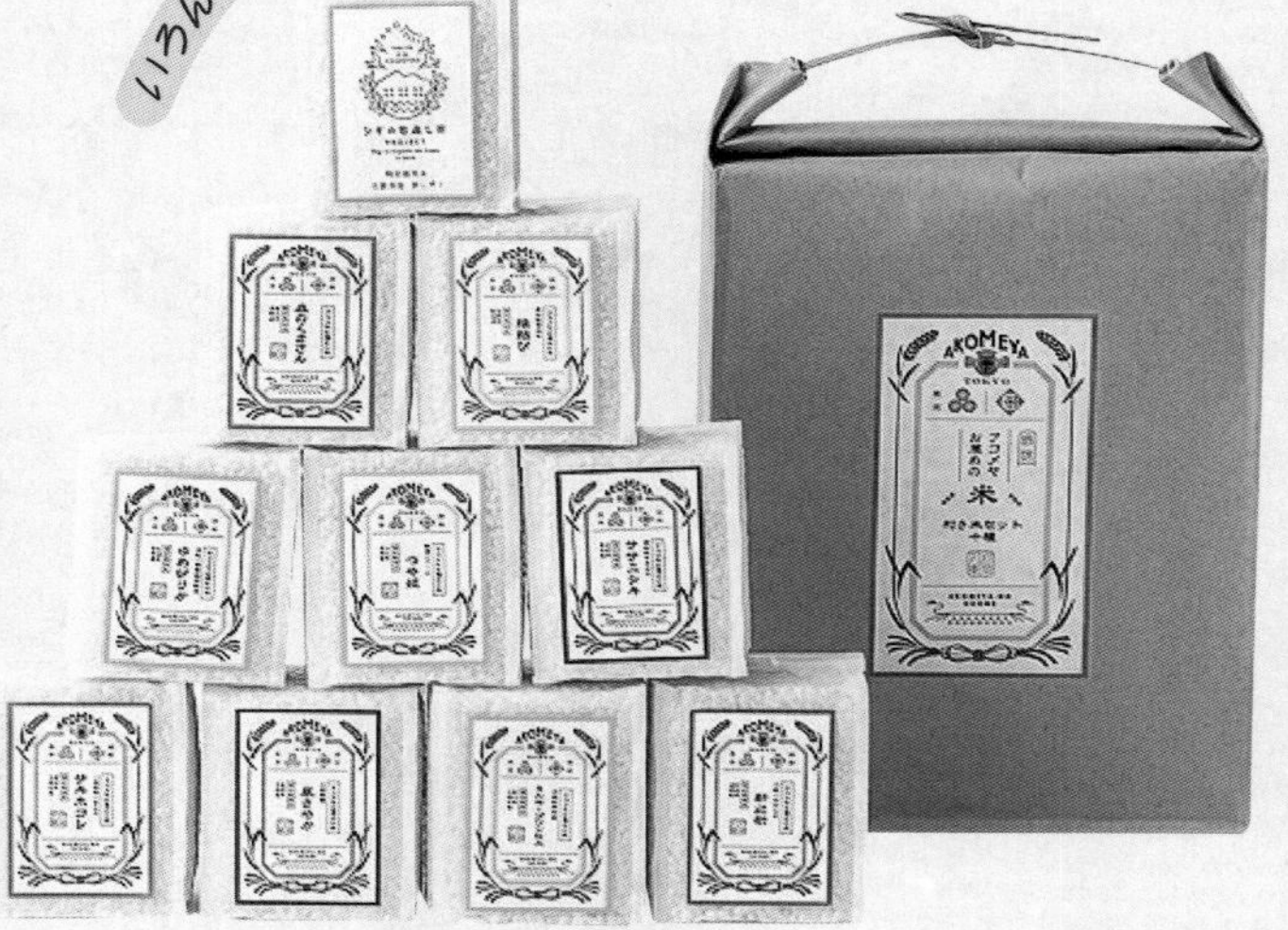

252

利き米セット10種

6900円
AKOMEYA TOKYO in la kagū
→P.218

食感や味わい別に厳選したお米を「もっちり」「しっかり」「やわらか」「あっさり」などバランスよく10種の米袋に詰めたお米のギフト。お米専門店のAKOMEYA TOKYOだからこそ取り揃えられる人気No.1ギフト。

毎日のご飯が楽しくなる

253

有田焼 黒釉 ごはん土鍋 2合

1万7600円
AKOMEYA TOKYO in la kagū
→P.218

火加減が簡単で失敗知らずな、AKOMEYA TOKYOオリジナルの土鍋。10分強火にかけるだけでふっくらもっちりのご飯が炊ける。丈夫で手入れが楽なのもうれしい。1合、2合、3合、5合の4サイズ展開。

忙しいふたりに贈る お手軽グルメアイテム

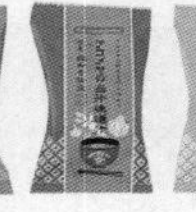

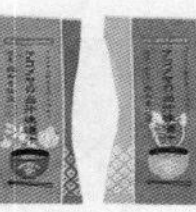

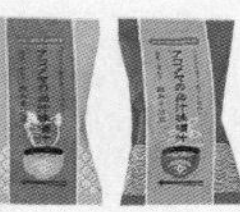

254

アコメヤの出汁味噌汁&出汁

3964円
AKOMEYA TOKYO in la kagū →P.218

お米と並んで人気なのが、出汁とフリーズドライ味噌汁のセット。不要な添加物を使っていないのも高ポイント。味噌汁は5種類、出汁は焼あご、かつお、野菜、煮干し、鶏節の5種類入り。

出産祝い

新しい家族が誕生した幸せいっぱいのお宅には、かわいさと実用性を兼ね備えたプレゼントを選ぼう。

ちょっとした工夫が
楽しい食事タイムを演出

①

②

③

255

こぼしにくい器 3点セット

益子焼2万2605円①、京焼1万9195円②、大谷焼1万8755円③
東京「aeru meguro」→P.219

子どもの"自分でできた！"を応援する「返し」付きのこぼしにくい器。日本各地の職人が一つずつ手作りしており、成長してからも使えるデザインも魅力。欠けても金継ぎなどでお直しが可能。陶磁器6種類のほかに漆器もある。

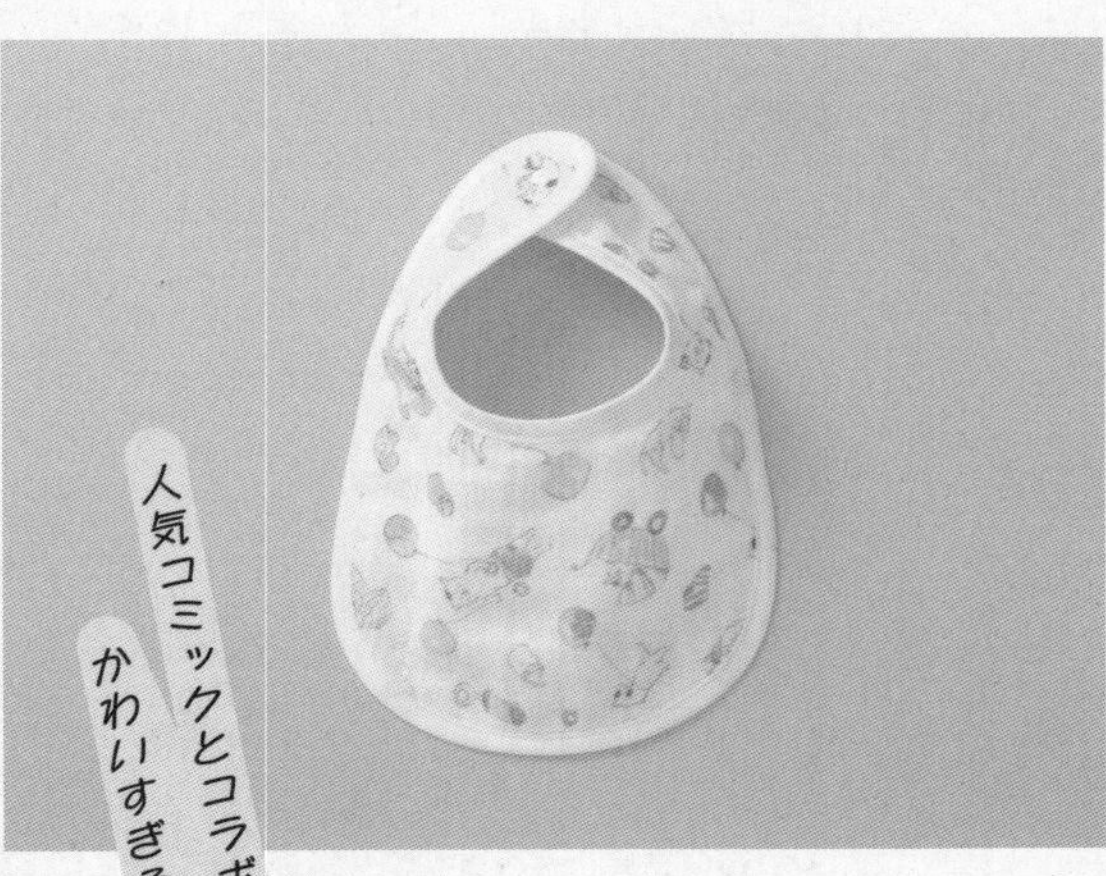

256

猫村さんのかや織スタイ&ブルマパンツ

スタイ2640円、ブルマパンツ4510円
中川政七商店 渋谷店 →P.219

ほしよりこさんによる「きょうの猫村さん」とのコラボアイテム。生地に猫村さんのイラスト全46柄があしらわれている。かや織の生地を重ねて洗いをかけることで、ふわふわとした肌当たりのよさに。

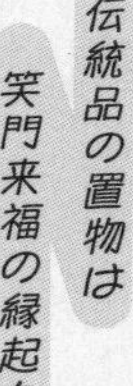

257

いせ辰
ざるかぶり犬

3850円
菊寿堂いせ辰 谷中本店
↓P.218

1864年創業の江戸千代紙の老舗「いせ辰」の、縁起ものの犬張子。頭のザルは赤ちゃんの疳（かん）の虫封じを意味している、由来は「犬」に「笊（ざる）」の竹冠を合わせると「笑」という字に似ていることから縁起がいいものとされている。

258

米ぬかの誕生祝い和ろうそく

3850円（6本入り）
東京「aeru meguro」
→P.219

0～9までの数字が入った和ろうそくは好きな数字を組み合わせて、誕生日や記念日のお祝いに。和ろうそくのろうは燃やしても垂れにくく純植物性の米ぬかでできているため安心して使える。桐箱入り。

毎年1本ずつ使って
子どもの成長を実感

デリケートな新生児に
優しい日本の「藍」を

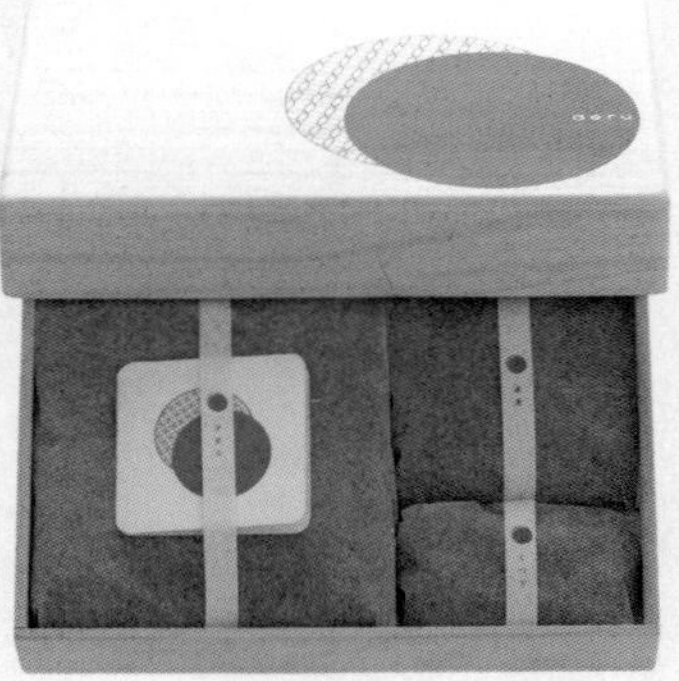

259

本藍染シリーズ

ハンドタオル
6820円～など
東京「aeru meguro」
→P.219

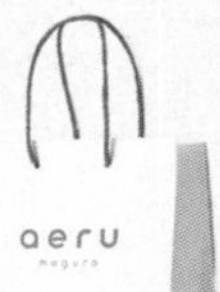

江戸時代から続く伝統の本藍染の技術で職人が染め上げたオーガニックコットンのタオルや産着、靴下。赤ちゃんを初めて包むものだからこそ、優しく、心地のよいものを選びたい。手仕上げの桐箱はメモリアルボックスに。

誕生日祝い

親しい友人のバースデープレゼントにはお花を添えて。コスメやお菓子はカジュアルなプチギフトに最適。

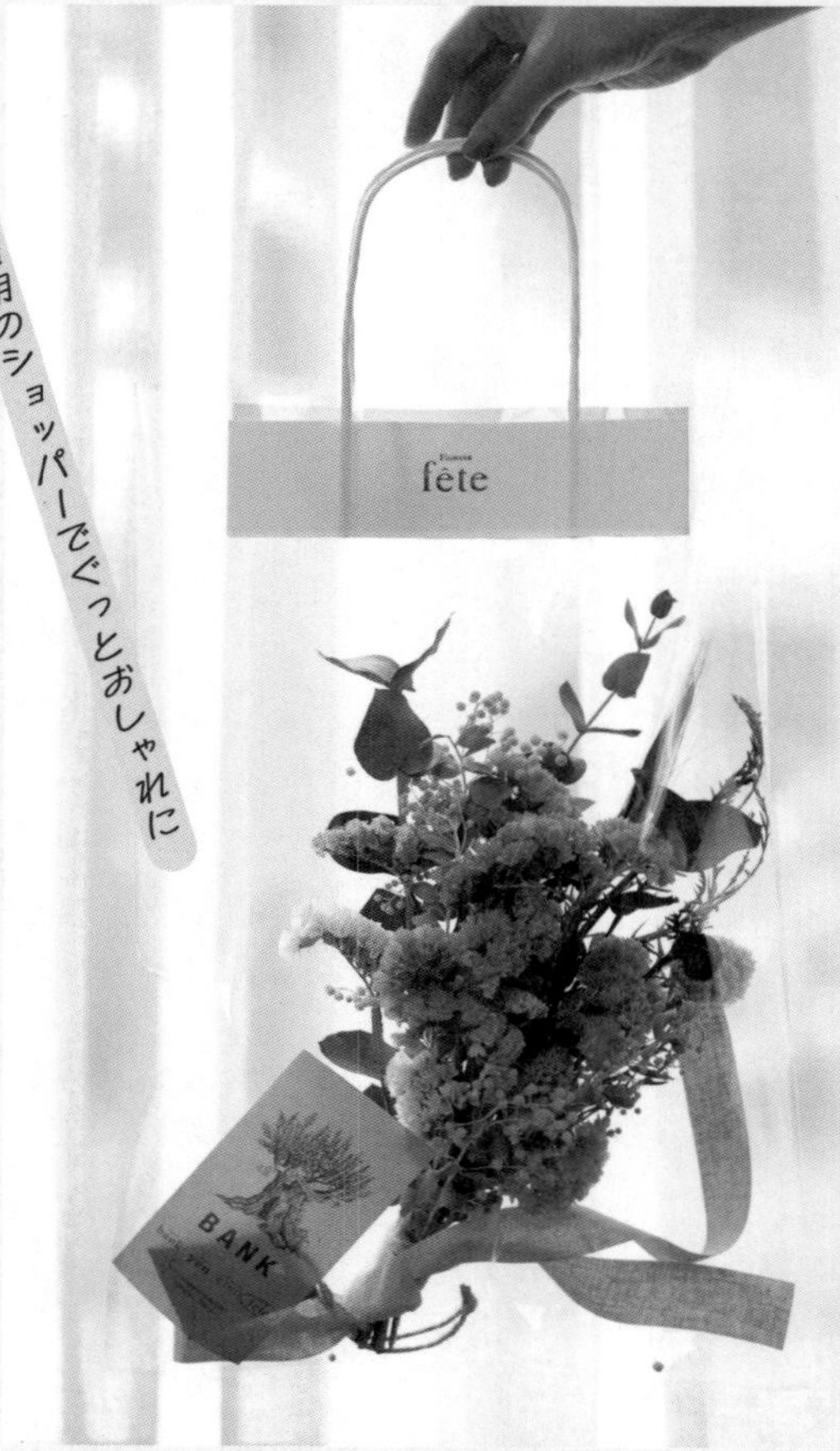

透明のショッパーでぐっとおしゃれに

260

ミニブーケ

2200円
BANK→P.219

花束はいつもらってもうれしいもの。ドライフラワーのスワッグは、渡す相手のイメージによってアレンジ可能。ボックスやショッパーなどラッピングもいろいろ用意している。ショッパーは100円。

キュートなお菓子にリースを添えて

261

リース&ハナサブレ

リース5500円〜、ハナサブレ1880円（6枚入りボックス）
cotito ハナトオカシト
↓P.218

エディブルフラワーの自然な花の美しい色を楽しめる名物サブレに、お部屋を素敵にブラッシュアップしてくれるリースを添えて。エアプランツなど、注文に応じアレンジができる。

ブーケに見立てたチョコレート

262

フルール ドゥ ボンボンブーケ

810円（6個入り）
le pépin 表参道本店
→P.219

自家製ナッツペーストを抹茶・ミルク・ストロベリーチョコでコーティングした、ロリポップ形のチョコレート。いくつか束ねれば、まるで花束のよう。6本入り、12本入り、18本入りを用意。

①

②

はちみつコスメメーカーの国産ソープ

263

ホーケン ハニックスソープ

大1045円①
小825円②
d47 design travel store
→P.219

はちみつを4％配合した、無香料・無着色の洗顔石鹸。60日間熟成して作られ、はちみつをたっぷり含んだきめ細かい泡が優しく肌の汚れを取り除く。クラシカルなパッケージも素敵。

おしゃれなあの人に
ストーリーのある小物を

264

BAG FROM LIFESTOCK

3960円
d47 design travel store
→P.219

日本各地の生地見本を再利用したD&DEPARTMENTのバッグ。群馬県・桐生の40〜50年前の布は色柄豊富。ほかの都道府県の生地見本を使ったバッグも取り揃えている。

アクセサリー好きに個性派アイテムを

265 小さな工芸のブローチ

各6380円～
中川政七商店 渋谷店
↓P.219

誕生日には日常使いできる高品質なものを贈りたい。「小さな工芸のブローチ」は、日本の工芸の技法や素材の美しさを凝縮したアクセサリーシリーズ。1つ1つ違うのでついつい集めたくなる。

旅行にも便利な 使いきりヘアマスク

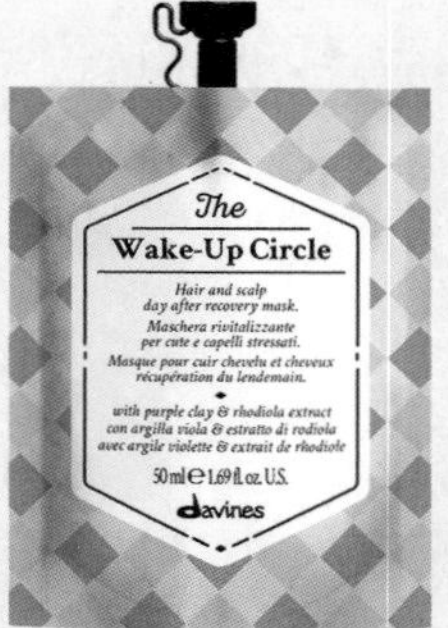

誕生日祝い

266

サークルクロニクルズ

各1540円
ダヴィネス 麻布台ヒルズ店
↓P.219

サステナブルなヘアケアブランド「ダヴィネス」のカラフルなヘアマスクは、それぞれのライフスタイルに合わせてカスタマイズ可能。使いきりサイズなので、旅行好きな人に贈るのもおすすめ。

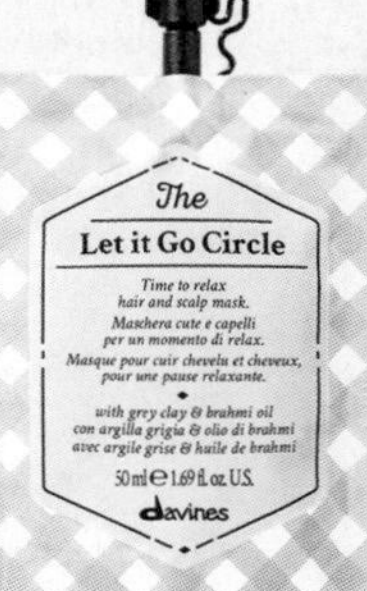

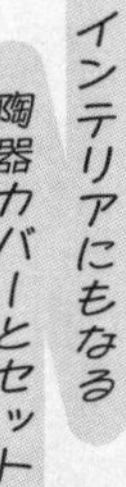

267

Astier de Villatteのアロマキャンドル

キャンドル
1万6720円、
キャンドルカバー
1万9140円
CASICA→P.218

白い釉薬をまとった陶器で知られる、フランスのライフスタイルブランド。キャンドルは植物性ワックスに蜜蝋を加えた100%ナチュラルなもの。香りもいろいろ揃えている。

268

MATIN et ÉTOILE Moist Hand Balm

各2420円
RECTOHALL →P.219

プチギフトに最適なハンドクリーム

花やハーブの香りをベースに調香した、香りがいいハンドバーム。塗ったあとに体温で香りが変化していくのを楽しめる。酒粕エキスなどが配合されているので、手荒れしやすい人にもおすすめ。

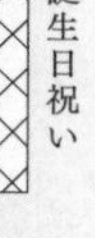

269

SHIGETA PARIS インナーピース バスソルト

4290円
Cosme Kitchen 代官山本店
→P.218

バスグッズでおうち時間を充実

パッケージが素敵な、フランスのSHIGETA PARISのバスソルト。自分の心に合わせて3種類の中から香りを選ぶというユニークなアイテム。マグネシウムが豊富な死海の塩でお肌をしっとりやわらかに。

長寿祝い

お世話になったあの人には、いつまでも元気でいてほしい。華やかでいて、体にいいものをセレクトしよう。

とっておきの高級はちみつ

270 国産はちみつギフト（デュオ）

4644円
ラベイユ 麻布台ヒルズ
↓P.219

1946年創業のはちみつブランド「ラベイユ」。長寿祝いにはジューシーな味わいの青森県産りんごのはちみつと、キレのよい上品な甘みの国産アカシアのはちみつのセットを。

はちみつドリンクで健やかな一日をスタート

271 朝のはちみつドリンクギフト

5292円
ラベイユ 麻布台ヒルズ↓P.219

ハンガリー産ファセリアはちみつ、シチリア産レモン果汁のみで作ったはちみつドリンクと、はちみつやはちみつコンフィチュール（いちご）のセット。はちみつ摂取を朝の習慣に。

272

吹き寄せ

2160円
中川政七商店 渋谷店
→P.219

長寿祝いには気軽に贈れるお菓子もおすすめ。最中皮やクッキーが入った吹き寄せは、缶を開けたときにわっと歓声があがるはず。レトロな缶は、食べ終わったあとに小物入れにしても。

間違いなしのロングセラーアイテム

273

KOJI DRINK "Bioene"

1296円（300㎖）
2160円（720㎖）
麹専門店MURO 神楽坂
→P.218

九州産有機玄米を使用した甘酒は、噛みごたえのある心地よい食感と、ほのかな香ばしさが魅力。タンパク質やビタミンB、食物繊維を気軽に摂取できる。朝食や寝る前のリラックスタイムに。

ヘルシーでおいしい
続けやすい玄米発酵飲料

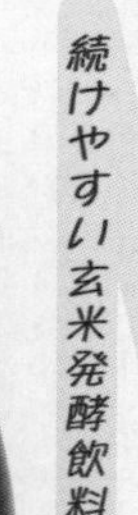

縁起ものがモチーフの
サクサク最中

274

めでたもなか

1782円
中川政七商店 渋谷店
↓P.219

おめでたい縁起ものの鯛や招き猫をかたどった最中。国産新大正餅米を使用しているため香ばしくて絶品。自分であんを挟んで、作りたてのパリパリ食感がたまらない。

275 桜島の椿油

2200円
d47 design travel store
→P.219

天然由来のコスメの贈り物

鹿児島県桜島産のヤブツバキのみを使った国産100％の植物油。のびがよく、ヘアオイルやボディオイルとして全身のケアに使える。ちょっとしたプレゼントならミニサイズもおすすめ。

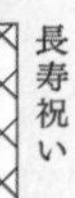

長寿祝い

手軽に酢が飲めて文句なしのおいしさ！

276 飲む酢・デザートビネガー®

信州りんご1404円①、ざくろ1836円②、シークヮーサーと八朔1728円③（各250㎖）
オークスハート日本橋店
→P.218

水割りや炭酸水割りにして飲んで楽しむほか、原液をアイスクリームにかけると酢がデザートに。果汁を発酵させて造った果実酢を使用した、やさしい酸味と華やかな香りの「酢の専門店」こだわりの飲む酢。

成人祝い

大人の仲間入りをしたあの人には、長く使えるひと品を。就活やオフィスで使えるシックなアイテムもおすすめ。

277

RED WHITE モスコミュールカップ

各5500円
日本橋とやま館 →P.219

外側は銅の紅色、内側は白銀色の錫を上塗りし、紅白を表現。さらに逆さにすると縁起のいい末広がりの形に。細部までこだわったデザインや、高い熱伝導性と保冷性が魅力。

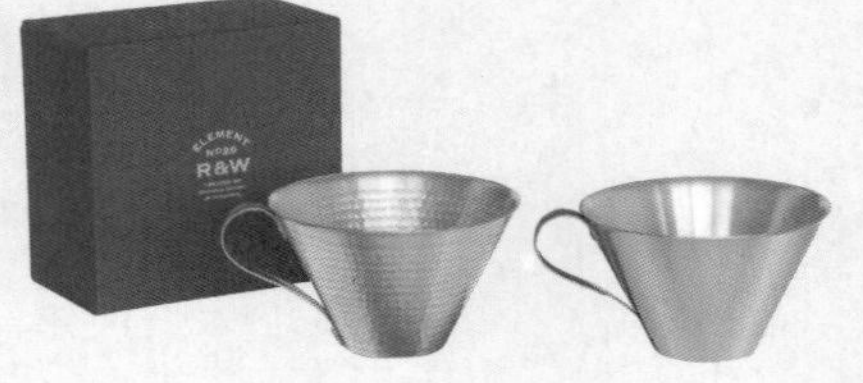

初めての日本酒は本格的に味わってほしい！

278

波佐見焼 日本酒呑みくらべ盃セット

5500円
AKOMEYA TOKYO in la kagū
→P.218

20歳のお祝いには、桐箱入りの酒器セットを。吟醸酒、純米酒、本醸造酒それぞれの香りと旨みを最大限に引き立てる形状になっている。同じ酒を3種の形状で楽しむのもおもしろい。

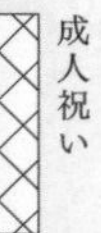

オフィスでも使えるカシミアストール

279

yourwear Cashmere Plain Stole

2万3100円
RECTOHALL →P.219

普段のファッションにプラスするだけで一気におしゃれに決まるストールを贈り物に。薄手のカシミア素材のストールはオールシーズン使えてとても便利。

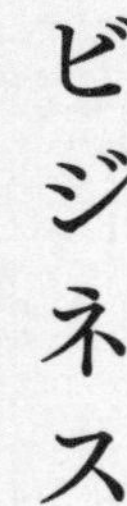

お世話になっている仕事相手に、感謝を伝える手みやげ。スタッフみんなでつまめる詰め合わせをチョイスして。

ここぞというときには 売り切れ必至の人気商品を

280

フールセック・小缶

2800円
アトリエうかい エキュート品川
→P.218

食感や風味、形状にこだわった宝石箱のようなクッキーの詰め合わせは売り切れることも多い「アトリエうかい」の人気商品。ジャムクッキーやパイなど7種類のクッキーが楽しめる。

281

ビスキュイ

2592円（30枚入り）
資生堂パーラー銀座本店ショップ ↓P.218

相手の人数によって
サイズを選んで

7種類のクッキーを詰め合わせた資生堂パーラーのビスキュイは、どんな相手にも喜んでもらえる逸品。こんがりと焼けたかわいらしいクッキーは見ているだけでテンションが上がるはず。

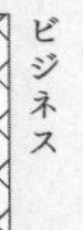
ビジネス

282

人形焼

2100円～（13個入り）
山田家本店 ↓P.219

みんなでシェアしてほしい
錦糸町名物の人形焼

昭和26（1951）年に卵問屋を創業した先代が、当時浅草で人気を博していた人形焼と、墨田区に伝わる本所七不思議を題材に作ったのが始まり。新鮮な卵とはちみつで作る薄手の生地は上品な甘さのこしあんにぴったり。

個包装タイプの新感覚ようかん

283

IRODORI ようかん

324円（1個）
京菓匠 鶴屋吉信 虎ノ門ヒルズ店
↓P.218

「IRODORIようかん」は、片手で食べられるスクエア形なので、オフィスでつまむおやつに最適。フレーバーは和菓子には珍しい、いちご、さくらんぼ、レモン、ヨーグルトの4種類。おしゃれなパッケージも素敵。

284 花色しおん

648円（5袋入り）～
中央軒煎餅 渋谷 東急フードショー店 ↓P.219

大人の女性の心をくすぐるかわいいおかき。小花や木の葉、梅など、見ているだけで楽しくなるようなおかきが7種類ずつ入っている。仕事の休憩時間に食べてもらうのにもぴったりなサイズがうれしい。

新木場

CASICA
江東区新木場1-4-6
03-6457-0826
11:00〜18:00
月曜（祝日の場合翌火曜）、第2・4火曜休

谷中

菊寿堂いせ辰 谷中本店
台東区谷中2-18-9
03-3823-1453
10:00〜18:00
無休

飯田橋

麹専門店 MURO 神楽坂
新宿区神楽坂1-12-6 03-5579-2910
11：00〜19：00
火曜休（祝日の場合翌日）

代官山

Cosme Kitchen 代官山本店
渋谷区代官山町19-4 代官山駅ビル1F
03-5428-2733
11:00〜20:30 無休

西荻窪

cotito ハナトオカシト
杉並区西荻北5-26-18
03-6753-2395
11:00〜18:00（LO17:30）
不定休
※予約・イートイン・お取り寄せについてはInstagramを確認

銀座

サンタ・マリア・ノヴェッラ銀座
中央区銀座6-8-17 千年銀座ビル1F
03-3572-2694
11:00〜20:00 無休

銀座

資生堂パーラー 銀座本店ショップ
中央区銀座8-8-3 東京銀座資生堂ビル1F
03-3572-2147
11:00〜20:30
無休

神楽坂

AKOMEYA TOKYO in la kagū
新宿区矢来町67
03-5946-8241
11:00〜20:00
無休

品川

アトリエうかい エキュート品川
港区高輪3-26-27
JR東日本 品川駅構内 エキュート品川1F
03-3280-5505
8：00〜22：00（日曜・祝日は〜20：30）
無休

東京駅

イノダコーヒ 大丸東京店
千代田区丸の内1-9-1 大丸東京店8F
03-3211-0033
10:00〜20:00
無休

虎ノ門ヒルズ

京菓匠 鶴屋吉信 虎ノ門ヒルズ店
港区虎ノ門1-17-1
虎ノ門ヒルズ ビジネスタワー1F
03-6811-1116
10:30〜19:30
（土・日曜、祝日は11:00〜19:00）
無休

虎ノ門ヒルズ

ALL GOOD FLOWERS
港区虎ノ門1-17-1
虎ノ門ヒルズ ステーションタワーB2F
T-MARKET
03-6811-1312
11:00〜19:00
不定休

日本橋

オークスハート 日本橋店
中央区日本橋2-4-1 日本橋高島屋B1F
03-3516-0818
10:30〜19:30
定休日は施設に準ずる

茅場町

BANK
中央区日本橋兜町6-7
兜町第7平和ビル1F・B1F
050-3593-0834
bank8:00〜18:00、
coin8:00〜21:30、Flowers fête11:00〜18：00
水曜休（Flowers fête は火・水曜休）

新宿

ホレンディッシェ・カカオシュトゥーベ
新宿区新宿3-14-1
伊勢丹新宿店 本館 B1F
03-3352-1111（伊勢丹新宿店 代表）
10:00〜20:00
定休日は施設に準ずる

錦糸町

山田家本店
墨田区江東橋3-8-11
03-3634-5599
10:00〜18:00
水曜休

神谷町

ラベイユ 麻布台ヒルズ
港区虎ノ門5-9-1
ガーデンプラザ B B1F
03-5422-1266
11:00〜20:00
無休

表参道

le pépin 表参道本店
港区北青山3-5-8 1F
03-5843-0595
11:00〜19:00
不定休

恵比寿

RECTOHALL
渋谷区恵比寿南2-15-6 greenhills GF
03-3716-1202
12:00〜19:00
月曜休（祝日の場合翌日休）

神谷町

ダヴィネス 麻布台ヒルズ店
港区虎ノ門5-9-1
麻布台ヒルズ ガーデンプラザ B2F
03-6435-8833
11:00〜20:00
無休

渋谷

中央軒煎餅 渋谷東急フードショー店
渋谷区道玄坂1-12-1 渋谷マークシティ1F
03-3477-4686
10:00〜21:00
定休日は施設に準ずる

渋谷

d47 design travel store
渋谷区渋谷2-21-1
渋谷ヒカリエ8F d47 MUSEUM 内
03-6427-2301
12:00〜20:00
無休

目黒

東京「aeru meguro」
品川区上大崎3-10-50 シード花房山 S+105
03-6721-9624
土曜12:30〜18:00
日〜金曜休

渋谷

中川政七商店 渋谷店
渋谷区渋谷2-24-12
渋谷スクランブルスクエア11F
03-6712-6148
10:00〜21:00
定休日は施設に準ずる

日本橋

日本橋とやま館
中央区日本橋室町1-2-6 日本橋大栄ビル1F
03-3516-3020
10:30〜19:30
不定休

INDEX

みみずく洋菓子店 ― 113

原宿駅

boB 原宿店 ― 64

明治神宮前駅

THE ROASTERY BY NOZY COFFEE ― 80

表参道駅

AMAM DACOTAN 表参道店 ― 131
INITIAL Omotesando ― 90
Ginger Garden AOYAMA ― 88
SO TARTE 表参道店 ― 93
NUMBER SUGAR 表参道店 ― 34
フランセ 表参道本店 ― 37
le pépin 表参道本店 ― 202

代官山駅

Cosme Kitchen 代官山本店 ― 184,207
PAYSAGE 代官山本店 ― 68
Laekker ― 128
レザンファンギャテ ― 150

恵比寿駅

wellk ― 33
エビスバインミーベーカリー ― 129
kusakanmuri ― 173
ダカフェ 恵比寿店 ― 91
東京豚饅 ― 153
fruits and season ― 89
RIVA chocolatier (LESS) ― 27,118
RECTOHALL ― 183,207,213

都立大学駅

アディクト オ シェクル ― 40

中目黒駅

I'm donut? 中目黒店 ― 78
& OIMO TOKYO CAFE 中目黒店 ― 32
ONIBUS COFFEE Nakameguro ― 166

目黒駅

東京「aeru meguro」 ― 196,199
ホテル雅叙園東京 PATISSERIE「栞杏1928」 ― 63,73

渋谷駅

アップル&ローゼス ― 115
ENVEDETTE 渋谷スクランブルスクエア店 ― 83
エシレ・パティスリー オ ブール 東急フードショーエッジ店 ― 45
EMMÉ WINE BAR ― 10
カタヌキヤ ― 115
キノクニヤ グルマンマーケット 渋谷スクランブルスクエア店 ― 164,178
新宿高野 渋谷東急フードショー店 ― 16
中央軒煎餅 渋谷東急フードショー店 ― 124,217
d47 design travel store ― 179,191,202,211
Now on Cheese ♪ ― 115
中川政七商店 渋谷店 ― 148,183,188,197,204,209, 210
バターパイダマンド バターバトラー ― 115
ハチふる SHIBUYA meets AKITA ― 114
FRUCTUS ― 115
堀内果実園 ― 114
丸山珈琲 ― 115

神泉駅

Turn Table ― 147,175

新宿駅

トラヤあんスタンド ― 57

新宿三丁目駅

円果天 ― 113
EN TEA ― 113
鎌倉 豊島屋 ― 113
新宿追分だんご本舗 ― 56
匠の焼き菓子 CONGALI 文明堂 ― 112
たねや伊勢丹新宿店 ― 112,116
パレスホテル東京 スイーツブティック ― 113
Fika ― 113
POMOLOGY ― 42
ホレンディッシェ・カカオシュトゥーベ ― 25,190